淡然优雅
素心生香

杨绛的
才情人生

吕远洋／著

长江出版社
CHANGJIANGPRESS

图书在版编目（CIP）数据

淡然优雅，素心生香：杨绛的才情人生 / 吕远洋著.
武汉 : 长江出版社，2022.10
ISBN 978-7-5492-8446-7

Ⅰ．①淡… Ⅱ．①吕… Ⅲ．①杨绛（1911-2016）－传记 Ⅳ.
①K825.6

中国版本图书馆 CIP 数据核字 (2022) 第 155962 号

淡然优雅，素心生香：杨绛的才情人生
DANRANYOUYA, SUXINSHENGXIANG : YANGJIANGDECAIQINGRENSHENG
吕远洋 著

选题策划： 天河世纪
责任编辑： 钟一丹
出版发行： 长江出版社
地　　址： 武汉市汉口解放大道 1863 号
邮　　编： 430010
网　　址： http://www.cjpress.cn
电　　话： 027-82926557（总编室）
　　　　　027-82926806（市场营销部）
经　　销： 各地新华书店
印　　刷： 长沙鸿发印务实业有限公司
规　　格： 880mm×1230mm
开　　本： 32
印　　张： 6.75
字　　数： 170 千字
版　　次： 2022 年 10 月第 1 版
印　　次： 2024 年 11 月第 2 次
书　　号： ISBN 978-7-5492-8446-7
定　　价： 46.00 元

序言：

灵魂有香气，内心有风景

说起杨绛先生，首先映入你脑海的是哪些印象？

书香世家、民国才女、钱锺书夫人、作家翻译家、百岁老人……但相比于这些外在的光环，想必最让人记忆深刻的还是她那对岁月的优雅与从容、对生活的执着与坚韧的品质。近年来，人们不断被她的语录和事迹所感动。只因在她身上，我们品味出了人性的真善美、家人的温馨以及书香的淡泊。

杨绛先生于 1911 年 7 月 17 日在北京出生，百日后便爆发了震惊中外的辛亥革命。杨绛在家里排行第四，上面有三个姐姐，下面有两个弟弟和两个妹妹。她原名杨季康，杨绛这个名字是她后来在自己创作的剧本上演时为自己取的笔名。据说名字的由来是因为小时候杨绛爱笑，家里人给她喂冰激凌，她不停地笑，小嘴却被冻成"绛"紫色。后来"季康"被兄弟姐妹们嘴懒叫得吞了音，就变成了减缩版的"绛"。

1932 年杨绛毕业于苏州东吴大学，念书时，杨绛就以"洋囡囡"的绰号闻名全校，曾与林徽因、陆小曼、王映霞等入选民国校花。同年，她考入清华大学并与钱锺书相识，于 1935 年成婚，不久二人一同出国留学……

杨绛秀外慧中，与才华横溢的钱锺书可谓珠联璧合，二人在婚姻中彼此珍爱，在事业上彼此成就。夏衍先生也赞叹他们："这真是一对特殊的人物！"

杨绛其实成名早于钱锺书，她创作的喜剧《称心如意》在舞台上活跃了 60 多年，经久不息，所翻译的《唐·吉诃德》是最受大众认可的一版，还获得西班牙"智慧国王阿方索十世勋章"。即便是到了耄耋之年，她仍然笔耕不辍，92 岁时出版《我们仨》，96 岁高龄成书《走到人生边上》。同时，她还用 13 年之久精心整理出版钱锺书学术遗稿，帮助丈夫完成未了心愿，直到 2016 年 5 月 25 日，在北京协和医院逝世。

105 载岁月沉浮，105 载生命之路，其中既有人间的烟火，也有诗和远方。她那高贵又有趣的灵魂，智慧又坚韧的品质，将在岁月的星河中永远闪耀。

那到底是一种什么力量，给予了这位百岁老人如此坚韧从容的内心和敢于直面岁月风霜的勇气？她到底拥有了什么样的人生智慧，让她的生命状态变得如此坚定、如此丰盈？想必，我们有必要走进这位跨世纪老人，她那燃烧了百年的生命之火，定然能带给我们每个人前行的光亮。

杨绛先生虽然走了，但她留给世人的精神财富却历久弥新，发人深省。如果能读懂杨绛，我们也就懂得了我们该如何笑对生活苦难，该如何在复杂的世界坚守自己的初心，该如何经营爱情和婚姻，该如何丰富自己的灵魂活出更好的人生高度……

　　杨绛在百岁感言中说："我们曾如此渴望命运的波澜，到最后才发现：人生最曼妙的风景，竟是内心的淡定与从容；我们曾如此期盼外界的认可，到最后才知道：世界是自己的，与他人毫无关系。"

　　经历了命运的波澜，见过了人情的冷暖，也饱尝了世态的炎凉，杨绛才总结出这番富有人生智慧的哲思。这样的哲思，除了要有丰富的人生经历，更多的是要有智慧的修为。这世间并不是每个百岁长者都能说出这样具有内涵的心语。

　　重读杨绛先生，做最真实的自己，过简朴的生活，磨炼高贵的灵魂。愿我们每个人都能汲取到杨绛先生的精神世界的丰盈，走好自己的人生之路。

目录

Chapter 3　活出"高级感"：最好的爱情，是彼此成就

Chapter 4　敢于独立：孤独，是生命的必修课

Chapter 1

遵从内心：

世间行走，留一份纯真在心底

父亲说，没有什么该不该，最喜欢什么，就学什么，我却不放心，只问自己的喜爱，对吗？我喜欢文学，就学文学？爱读小说，就学小说？父亲说，喜欢的就是性之所近，就是自己最相宜的。

——杨绛

书香门第，有女初成长

　　每个人出生时都是一张洁净无瑕的白纸，在各自的人生旅程中，我们会无意间给这张白纸画上一点童真、一点任性、一点懊悔、一点惊喜、一点惨痛、一点无奈……正是因为有太多这样的一点，串联起来才构成了我们短暂而又旖旎的一生。

　　不管是被命运赏识，还是被宿命湮没，我们一生中都在寻找真正的自己，也都需要给人生这张白纸画上一个句号。

　　时光不语，却在悄悄诉说着所有。

　　无锡地处江南，自古就是鱼米之乡，不仅风光秀丽，还充满了文化底蕴。当年昭明太子萧统就是在无锡完成了《文选》的编撰，也是在这里，他邂逅了民女慧如，才有了风流千古的"红豆生南国"的传说。

　　或许是因为有了江南杏花烟雨的滋润，无锡历史上出现了许多才子佳人，以及名门望族。近代大儒钱穆是无锡人，文学大师钱锺书是无锡人，与钱锺书相伴一生的民国才女杨绛也是无锡人。

　　杨绛于 1911 年 7 月 17 日出生于北京。辛亥革命后，随父母迁居到上海；1913 年，又迁居苏州；1914 年，再举家迁居杭州；

1915 年，又迁回北京……

虽然杨绛的出身不如张爱玲那样显赫，却也是个名副其实的书香世家。她的曾祖父、祖父都是读书人，也曾做过地方官，用她的话说"祖上做过穷官"，是个"寒素人家"。杨家有八个孩子，杨绛排行老四，上边三个姐姐，下边两个弟弟两个妹妹。

杨绛的父亲叫杨荫杭，曾经留学日本、欧美，宾夕法尼亚大学法学硕士毕业，是一位秉性正直、酷爱读书的法官。在杨绛家里，除了父亲留学欧美、日本，她的三叔和三姑母也曾留学美国。

杨绛在晚年，曾应中国社会科学院近代史研究所之约，撰写过《回忆我的父亲》。她在文中说到：

据我二姑母说，我父亲在北洋公学上学时，有部分学生闹风潮。学校掌权的洋人（二姑母称为"洋鬼子"）出来镇压，说闹风潮的一律开除。带头闹的一个广东人就被开除了。"洋鬼子"说，谁跟着闹风潮就一起开除。一伙人面面相觑，都默不作声。闹风潮不过是为了伙食，我父亲并没参与，可是他看到那伙人都缩着脑袋，就冒火了，挺身而出说："还有我！"好得很，他就陪着那个广东同学一起被开除，风潮就此平息。

由此可见，杨绛的父亲有多刚正耿介。

杨绛的父亲不只是性情耿介，思想还很激进。当年他到日本早稻田大学留学时，曾和留日学生一起组建励志会，并且与杨廷栋、雷奋等一起创办了《译书汇编》。这是当时留日学生自办的第一份杂志，专事译载欧美政法方面的名著，诸如法国学者孟德斯鸠的《万法精义》和卢梭的《民约论》，英国学者穆勒的《自由原论》等书。这些作品对推动青年思想的进步影响很大，因而在海内外学生中颇有威望。

1901 年夏，杨绛的父亲杨荫杭在家乡无锡"聚集同志，创设了励志学会。他们借讲授新知识之机，宣传排满革命"。据说这一组织是当时江苏省最早的革命小团体。

因为杨绛的父亲积极从事反清革命活动，触怒了当时的清朝政府，因而遭到追捕。杨绛回忆说：

听说他暑假回无锡，在俟实中学公开鼓吹革命，又拒绝对祠堂里的祖先叩头，同族某某等曾要驱逐他出族。我记得父亲笑着讲无锡乡绅，即驻意大利钦差许珏曾愤然说："此人（指我父亲）该枪毙。"反正他的"革命邪说"招致清廷通缉，于是他筹借了一笔款子（一半由我外祖父借助），1906 年初，他再度出国到美国留学。

杨绛猜想，她的父亲再次出国四年多，脱离了革命，埋头书本，很可能对西方的"民主法治"产生了新的理解。他原先的"激烈"，渐渐冷静下来。北伐胜利后，她经常听到父亲对母亲挖苦当时自称的"廉洁政府"。一九二七或一九二八年，杨绛在高中读书的时候，她记得父亲曾和她谈过"革命派"和"立宪派"的得失。她的父亲倾向于改良，他的结论是"改朝换代，换汤不换药"。不过父亲和她讲这番话的时候，父亲的"立宪梦"早已破灭了。

虽然杨荫杭的"立宪梦"破灭了，但是他还是选择为国家做更多有益的事。1903 年，杨荫杭和留日学生蔡文森、顾树屏在无锡创办了"理化研究会"，提倡研究理化并学习英语。那时，杨荫杭除了"理化研究会"的事情之外，还在上海兼职，任《时事新报》《苏报》《大陆月刊》的编辑及撰稿人，并在中国公学、澄衷学校、务本女校等校授课。

因为杨荫杭受到过西方先进的教育，所以他反对置办家产，只要有钱就选择让子女接受最好的教育。杨绛兄弟姐妹较多，但是父母对待男女一视同仁，送他们去读书，到海外留学，这在当时是非常难能可贵的。

中国人的传统是上辈人为后辈人置办家业，尤其是旧社会更是如此；再就是重男轻女思想严重，读书的机会只有男孩子才能享有，女孩子只能在家学习女红。杨绛虽然出生在旧社会，但是她受到的却是新式教育。

杨绛的父亲不为子女置办家产，却选择让每一个孩子接受良好的教育；他放着优渥的生活不顾，偏偏要反抗朝廷，想建立一个新中国。这些足以说明他是个有思想、有见识、敢作敢为、懂得取舍的正人君子。这样的父亲，对孩子的成长必然是有影响的。后来的事情也证明了，杨绛坚守内心，坚持做自己，正是秉承了父亲的性格。

正因为出生于这样民主开放的书香家庭，杨绛受到了良好的文化熏陶和人格教育，所以她才能做到独立自主、坚守初心，能够舍弃外界的浮华，也才造就了她后来的见识和格局。

要学会取舍，因为选择很重要

据说犹太家庭中如果只有一个读书的机会，那么这个机会一定是给女孩子。因为，母亲的文化素养影响着一个家庭，乃至一个民族的未来。由此可见，母亲在孩子成长过程中的作用是巨大的。古今凡是有大成就的人，回忆往事，总是感念母亲的教诲，他们成长的背后，都有一位伟大的母亲。例如：孟子因有个贤良的母亲，才成为"亚圣"；范仲淹因为母亲的教诲，才成为后世文人士子的典范；再如，苏轼和苏辙兄弟是因母亲程夫人教导有方，才成为一代儒宗……

杨绛的母亲唐须嫈（1878—1937）也是无锡人，与杨绛的父亲杨荫杭同龄。唐须嫈曾在上海著名的女子中学务本女中读书，与杨绛的三姑母杨荫榆以及汤国梨（章太炎太太）是同学，是一位温柔贤惠、沉静内敛的知识女性。在她身上凝聚了很多中国女性的传统美德，她甘心相夫教子，料理家务，做一名贤妻良母。

母亲的性格对杨绛的影响也很大。杨绛与钱锺书琴瑟和鸣，给予了钱锺书学术上的支持，这一点可以说遗传了她母亲的秉性。

现存关于杨绛母亲的史料并不多，仅能从杨绛的文章中窥知其一二。杨绛回忆她母亲，说母亲难得有闲，一回做针线活，她从搁针线活儿的藤匾里拿一卷《缀白裘》，边看边笑，得以消遣一会儿。还说她每晚临睡爱看看《石头记》或《聊斋志异》之类的小说，她也看好些新小说。一次，她看了几页绿漪女士写的《绿天》，说道："这个人也学着苏梅的调儿。"

母亲并不知道绿漪女士就是苏梅，但她能从很多女作家中分辨出"苏梅的调儿"，说明母亲的文学素养不一般。这让杨绛对母亲甚是敬佩。

杨绛的母亲不仅有很好的文学素养，还是位遇事沉着，有主见的人。有一年，杨绛的父亲因吃生炝的虾子而患病，因她父亲只相信西医，不肯看中医，当时无锡的西医条件十分有限，只能取样送上海做化验，在等待西医的化验结果的那段时间耽误了治疗，导致病势越发严重，连续几个星期高烧不退，神志也有点不清了。无奈之下，她的母亲唐须嫈自作主张，请来无锡一位有名的中医，中医诊断是伤寒病，而西医则又过了一星期才诊断出来。唐须嫈流着泪求这位名中医给杨荫杭开处方，医生却摇头断然拒绝，意思是病人没指望了。

杨绛全家大小人口众多，大伯在武备学校学习，因试炮失事而受难，遗下大伯母和堂兄、堂姐；三叔在美国留学回来后，不久因肺病去世；杨绛的二姑母和三姑母，出嫁后因婚姻不幸，都与夫家断绝关系长期住在杨绛家里。因这一大家子的人都依靠杨绛的父亲杨荫杭生活，所以杨荫杭在杨家是一个最死不得的人，可是这时，杨荫杭已经高烧得只说胡话了。

唐须嫈只得另请杨荫杭的老友——著名的中医华实甫先生，

请他为杨荫杭开药方。在华实甫"死马当活马医"之后，杨荫杭居然奇迹般地活过来了。不过，在杨绛看来，"无论中医西医，都归功于我母亲的护理"。

当时，很多亲友在探望过杨绛父亲后，都在为年轻力壮的杨荫杭惋惜，也都在劝杨绛母亲考虑后事。在这种情况下，杨绛母亲强忍悲痛，沉着冷静地拿出主张——请中医治疗，将丈夫从死亡线上拉了回来。这除了说明杨绛母亲具有出色的决断能力，也说明她的父母感情深厚。

杨绛在《回忆我的父亲》一文中提到了她父母的关系，文中说：

我父母好像老朋友，我们子女从小到大，没听到他们吵过一次架。旧式夫妇不吵架的也常有，不过女方会有委屈闷在心里，夫妇间的共同语言也不多。我父母却无话不谈。他们俩同年，1898年结婚。当时我父亲还是学生。从他们的谈话里可以听到父亲学生时代的旧事。他们往往不提名道姓而用诨名，还经常引用典故——大多是当时的趣事。不过我们孩子听了不准发问。"大人说话呢，老小（无锡土话，指小孩子）别插嘴。"他们谈的话真多：过去的，当前的，有关自己的，有关亲戚朋友的，可笑的，可恨的，可气的……他们有时嘲笑，有时感慨，有时自我检讨，有时总结经验。两人一生中长河一般的对话，听起来好像阅读拉布吕耶尔的《人性与世态》。他们的话时断时续，我当时听了也不甚经心。我的领会，是由多年不经心的一知半解积累而得。我父亲辞官后做了律师。他把每一件受理的案子都详细向我母亲叙述：为什么事，牵涉什么人等。他们俩一起分析，一起议论。那些案件，都可补充《人性与世态》作为生动的例证。

从杨绛对父母的关系描述中可以看出，她的父母亲关系是十分和谐的，也说明她的母亲是个颇有见解的知识女性。在一个家庭中，和谐的夫妻关系有助于孩子成长，在融洽的家庭氛围中，孩子具有安全感，尤其是母亲，对孩子的成长是至关重要的。

在同时期，有很多知识女性追求"妇女解放"，放弃了婚姻和家庭，最终导致一些不幸。例如，张爱玲的母亲就是这样的洋派女子，她为了个人自由抛弃张爱玲姐弟不管，选择了和婚姻家庭决裂，留洋海外，这给张爱玲姐弟的成长带来了不可磨灭的阴影。

当然，这不能完全怪张爱玲的母亲，很大程度上与张爱玲父亲的不成器有关。只是，每个人在结婚之前，就应该看清所选择的人，但既然有了孩子，为人父母者当以责任为重。相比之下，杨绛生活在这样一个和睦自由、民主开明的家庭当中，是相当幸运的。

在我们现代生活中，有一些女性为了追求事业而忽略了家庭，尤其是忽略了对孩子的成长陪伴，如此，纵然自己获得了鲜花和掌声，也难能幸福美满，因为一个不成器的孩子，足以让父母的晚年黯然失色，充满忧心焦虑。

事业和家庭两者是很难兼顾的，必定要从中做出取舍，那就要看你自己如何规划、如何选择了。记住，很多时候选择比努力更重要！

要保持自己内心的棱角

　　杨绛父亲病愈后到上海谋职，后来觉得上海社会太复杂，就决计搬到苏州定居。

　　因为杨绛的父亲是律师，需要一个律师事务所，无奈之下就买下了一所名为"安徐堂"的破宅院。这所宅院还是明朝的建筑，杨绛的父亲修葺了一部分，拆除了一部分，同时扩大了后院。

　　杨绛家搬入"安徐堂"后，修了一套较好的房子居住。因为房子老旧，前前后后的破房子还没拆尽，所以阴湿的院子里，只要掀起一块砖，砖下就会爬出密密麻麻的鼻涕虫和蜘蛛。

　　杨绛的父亲杨荫杭有意要让孩子干活儿，体验劳动的乐趣，就对杨绛兄弟姐妹悬赏：鼻涕虫一个铜板一个，小蜘蛛一个铜板三个，大蜘蛛三个铜板一个。

　　杨荫杭曾在美国留学，他的这种美国式的鼓励孩子赚钱的理财教育观，明显与国人的"劳动光荣"教育观不同。于是杨绛的姐姐、弟弟、妹妹都在忙着"赚钱"，其中小弟弟捉得最多。不多久，弟弟妹妹把鼻涕虫和蜘蛛都捉尽了。

　　我们得承认，物质刺激有时确实比精神鼓励更有效，毕竟钱是大家看得见的好处，可以用来购买自己喜欢的东西。

杨绛的母亲唐须荌对孩子们的教育方式仍然是传统式的，所以孩子们挣的钱都存在她手里。过些时候，孩子们逐渐忘了这些钱的存在，就像历年孩子的压岁钱一样，最终还是回归到了父母的口袋。孩子们在这过程中，得到的是一种乐趣。相比之下，美国的教育，强调自我，孩子们清楚地知道自己有支配这笔钱的权力。

有心理学家研究表明，教育孩子尽量少用物质刺激，物质刺激在短时间内效果显著，但不利于终生发展。教育，应该以孩子的兴趣为抓手，激发孩子的内驱力，这样才能达到预期的效果。因为当一个人对追求某件事物产生内驱力时，就会积极主动去实践，在实践过程中会产生心流，这种心流可以给予人战胜困难的勇气，也会使人产生成功的快乐。

杨绛的性格受母亲影响，对这种"赚钱"方法不感兴趣，她回忆说：

假如我们对某一件东西非常艳羡，父亲常常也只说一句话："世界上的好东西多着……"意思是，得你自己去争取。也许这又是一项"劳动教育"，可是我觉得更像鼓吹"个人奋斗"。我私下的反应是："天下的好东西多着呢，你能样样都有吗？"

杨绛淡泊名利的性格，就是这样形成的。杨绛虽然淡泊名利，但是对原则问题从不妥协将就，从她后来的人生经历中，我们可以看出她既能保持自己内心的棱角，又能保持外在的圆融，可能就是与父母亲中西合璧的教育方式有关吧！

杨绛的父亲实行的虽然是西方的教育思想，鼓励她敢于自己去争，但他骨子里仍然是中国传统式的慈父，重家庭的天伦之乐。

杨绛上小学时每天回家后，做完功课，总是依偎在父母的身边，尤其是跟在父亲身边比较多。父亲除非见客或出庭辩护，余下的时间就是在家里读书写稿子。杨绛则常拣他写秃的长锋羊毫去练字。

每天清晨早饭后，杨绛就会给父亲泡上一碗酽酽的盖碗茶。每次饭后，父亲都要吃水果，杨绛就专门给父亲剥皮；父亲吃坚果，杨绛就为父亲剥壳。中饭后，父亲要歇午，孩子们都做"鸟兽散"，不影响父亲午休。而这时，父亲就对杨绛说："其实我喜欢有人陪陪，只是别出声。"所以，杨绛就常陪在父亲旁边看书。冬天时只有她父亲屋里生炉火，过段时间就需添煤，杨绛到时候轻轻夹上一块，一点声响也没有。杨绛会照顾人，性情沉静，可能就是这个时候养成的。

父爱如山，母爱如水，杨绛对母爱的感受也特别深刻，她的回忆是这样的：

有一年冬天，晚饭后，外面忽然刮起大风来。母亲说："啊呀，阿季（即杨绛）的新棉衣还没拿出来。"她叫人点上个洋灯，我却不懂自己为什么要哭。这也是我忘不了的"别是一般滋味"。所有孩子，她都很疼爱，和颜悦色，从不横言厉色。

这里，杨绛的"别是一般滋味"是被母爱融化的滋味，母亲惊叫，担心的是外面起风了，而杨绛棉衣还没有拿出来穿，怕她会受凉。母亲一声不经意的惊叫，体现的是她对孩子深深的关爱，母亲的关爱融成一股暖流温暖了杨绛一生，让她时时有回味，所以当时她哭了起来，自己却不懂为什么要哭。人，要么是委屈时哭；要么是感动时哭，杨绛的哭属于后者。一个被人爱着的人，才有能力去爱别人，也才乐意将爱施舍给别人。杨绛晚年捐款千万元给清华，就是这种大爱的体现。

遵从自己的内心，勇敢地说不

杨绛的父亲从不对孩子说教，而是总是用自己的行为无声地教育孩子应该怎样做。杨绛是这样回忆她父亲的：

> 爸爸从不训示我们如何做，我是通过他的行动，体会到"富贵不能淫，贫贱不能移，威武不能屈"古训的真正意义的。他在京师高等检察厅厅长任上，因为坚持审理交通部总长许世英受贿案，宁可被官官相护的北洋政府罢官。他当江苏省高等审判厅厅长时，有位军阀到上海，当地士绅联名登报欢迎，爸爸的名字也被他的属下列入欢迎者的名单，爸爸不肯欢迎那位军阀，说"名与器不可假人"，立即在报上登启事声明自己没有欢迎。上海沦陷时期，爸爸路遇当了汉奸的熟人，视而不见，于是有人谣传杨某瞎了眼了。

杨荫杭不肯同流合污的做法，显得很"不合时宜"，自然会得罪很多人。杨绛和钱锺书在研究所总是遭人排挤，与他们知识分子的清高是有一定关系的，因为他们不屑与世俗同流，这份清高自然也是受父亲杨荫杭影响的。

从 12 岁进振华女校读书，到 21 岁离开东吴大学，杨绛人生中最求知若渴的年华都是在苏州度过的。她在振华女中时，遇到一件事，很能体现杨荫杭教育方式的特点。

那时北伐战争正在进行，学生运动正搞得如火如荼，有一次，学生会要各校学生上街游行搞宣传，向过路的群众演讲，呼吁革命。杨绛也被推选去搞宣传，但是她不想参加，原因并不是杨绛落后，而是"当时苏州风气闭塞，街上的轻薄人很会欺负女孩子"。学校有规定，只要说是"家里不赞成"，就能豁免一切开会、游行、当代表等。杨绛周末回家跟父亲说起了这件事，问他能不能也说"家里不赞成"。一般的家长大多是帮孩子找理由搪塞下去，但杨荫杭却一口拒绝孩子，他还说："你不肯，就别去，不用借爸爸来挡。"

杨荫杭特地向杨绛讲了自己的经历：他当江苏省高等审判厅厅长的时候，张勋不知打败了哪位军阀胜利入京。江苏绅士联名登报拥护欢迎。他的属下擅自把他的名字也列入其中，以为名字既已见报，杨荫杭即使不愿也只好作罢了。可是他却说"名与器不可假人"立即在报上登上一条大字的启事，申明自己没有欢迎。杨荫杭就是这样一位被别人认为"不通世故"的人。

说完自己的故事后，杨荫杭对杨绛说："你知道林肯说的一句话吗？ Dare to say no ！你敢吗？"

杨绛原本不好意思自己去拒绝，可是从父亲这里无法找到借口，她只好苦着脸对父亲说："敢！"

杨绛到学校没有说其他的借口，只是坚持"我不赞成，我不去"，以表明自己的态度。就这样她被学校批评是"岂有此理"。

事实证明，杨绛的顾虑是对的，因为上街演讲的女同学，确实遭到了心怀鬼胎的军人的非礼。

什么是好的教育？那就是言传加身教，杨绛曾这样回忆：

孩子第一天上学，穿了新衣新鞋，拿了新书包，欣喜喜地"上学了"！但是上学回来，多半就不想再去受管教，除非老师哄得好。我体会，"好的教育"首先是启发人的学习兴趣、学习的自觉性，培养人的上进心，引导人们好学和不断完善自己。要让学生在不知不觉中受教育，让他们潜移默化。这方面榜样的作用很重要，言传不如身教。我自己就是受父母师长的影响，由淘气转向好学的。爸爸说话入情入理，出口成章，《申报》评论一篇接一篇，浩气冲天，掷地有声。我佩服又好奇，请教秘诀，爸爸说："哪有什么秘诀？多读书，读好书罢了。"妈妈操劳一家大小衣食住用，得空总要翻翻古典文学、现代小说，读得津津有味。我学他们的样，找父亲藏书来读，果然有趣，从此好（hào）读书，读好书入迷。

从杨绛的这段文字中可以看出，父母给她做出了很好的榜样。父母爱读书，孩子才会爱读书，父母积极向上，孩子才会积极向上。当今，有多少父母埋怨孩子不成器，为什么不反思一下自己为孩子做出了什么样的榜样？孩子是父母的镜子，要想孩子成为怎样的人，首先父母就要努力成为那样的人，即便是达不到自己的追求目标，孩子也能从你的身上感受到一种努力向上的力量。

父亲的言传身教让杨绛敢于直面无理要求，遵从自己的内心，勇敢地对不愿意的人和事说"不"！同时，老师的言传身教，也让杨绛感受到了榜样的力量。杨绛是这样回忆她的老师的：

我在启明还是小孩，虽未受洗入教，受到天主教姆姆的爱心感染，小小年纪便懂得"爱自己，也要爱别人"，就像一首颂歌中唱的"我要爱人，莫负人家信任深；我要爱人，因为有人关心"。

我进振华，已渐长大。振华女校创始人状元夫人王谢长达太老师毁家办学，王季玉校长继承母志，为办好学校"嫁给振华"贡献一生的事迹，使我深受感动。她们都是我心中的楷模。

老师对学生的爱，对教育事业的爱，让杨绛铭记终生。后来，在杨绛成为一名教师时，她也曾像自己的老师那样，去爱学生、爱自己的事业，去帮助一切需要帮助的人。

不要让本真蒙尘，保持赤子之心

很多人都有这种感觉，越是上年纪越是怀念儿时的时光。这并不仅仅是怀旧心理，更多的是，儿时的自己是最真实的自己，最接近一个人的本真。因为孩提时的人没有经过社会大染缸的浸染，没有经历过生活的搓揉。人一旦经历人事的沧桑后，很容易失去本真，甚至有的人性情会变得扭曲。

这种感觉杨绛也有，她晚年时在作品中对大王庙小学的学生生涯曾有回忆。她还记得她们在学校玩游戏的情形，十分有趣：

……我和女伴玩"官、打、捉、贼"（北京称为"官、打、巡、美"），我拈阄拈得"贼"，拔脚就跑。女伴以为我疯了，拉住我问我干什么。我急地说："我是贼呀！"

"嗨，快别响啊！是贼，怎么嚷出来呢？"

我这个笨"贼"急得直要挣脱身。我说："我是贼呀！得逃啊！"

她们只好耐心教我："是贼，就悄悄儿坐着，别让人看出来。"

又有人说："你要给人捉出来，就得挨打了。"

我告诉她们："我得趁早逃跑，要跑得快，不给捉住。"

她们说："女老小姑则"（即"女孩子家"）不兴得"逃快快"。

逃呀、追呀是"男老小"的事。

我委屈地问:"女孩子该怎么?"

一个说:"步步太阳(就是古文的'负暄',负读如'步')。"

一个说:"到'女生间'去踢踢毽子。"

大庙东庑是"女生间",里面有个马桶,女生在里面踢毽子。可是我只会跳绳、拍皮球,不会踢毽子,也不喜欢闷在又狭又小的"女生间"里玩。

诸如此类,留给杨绛的印象还是很深的。直到 20 世纪 80 年代,她还时常提起:"我在大王庙上学不过半学期,可是留下的印象却分外生动。直到今天,有时候我还会感到自己仿佛在大王庙里。"

从杨绛的这则趣事来看,她孩童时应该是个率真的孩子,她的这份率真一直保持到她晚年也不曾丢失过。可能有的人在逢迎世俗的过程中会得到一些"实惠"——名利,然而整个生命历程中他们也必为这些"实惠"所累,到最后这些"实惠"也终将化为一纸轻飘飘的浮华,而真正能沉淀下来的只能是一个人精神世界的获得。

不过,一个人要想拥有精神世界的丰盈,必然要有一颗"赤子之心",在王国维笔下,李煜有这样的"赤子之心",苏东坡有这样的"赤子之心",纳兰容若也有这样的"赤子之心",他们正是因为内心世界纯真,才能写出那些千古绝唱。

一个人内心世界清澈,才能写出清澈的文字,许多人并不是没有才情,而是他的心被世俗蒙上了灰尘。所以,身处红尘,我们要做什么样的人,必然会有一些舍弃,没有舍弃就没有得到,关键还是在于自己选择。杨绛选择的是远离尘嚣,淡然做最真的自己。

杨绛在 2002 年 3 月 23 日定稿的《我在启明上学》中的片段，叙说了儿时的一段往事：

我十岁，自以为是大人了。其实，我实足年龄是八岁半。那是 1920 年的 2 月间，我大姐姐打算等到春季开学，带我三姐到上海启明去上学。大姐姐也愿意带我。那时候我家在无锡，爸爸重病刚脱险，还在病中。

我爸爸向来认为启明教学好，管束严，能为学生打好中文、外文基础，所以我的二姑妈、堂姐、大姐、二姐都是爸爸送往启明上学的。1920 年 2 月间，还在寒假期内，我大姐早已毕业，在教书了。我大姐大我十二岁，三姐大我五岁。（大我八岁的二姐是三年前在启明上学时期得病去世的。）妈妈心上放不下我，我却又不肯再回大王庙小学，所以妈妈让我自己做主。

妈妈特地为我找出一只小箱子。晚饭后，妈妈说："阿季，你的箱子有了，来拿。"无锡人家那个年代还没有电灯，都点洋油灯。妈妈叫我去领箱子的房间里，连洋油灯也没有，只有旁边屋间透过来的一星光亮。

妈妈再次问我："你打定主意了？"我说："打定了。"

"你是愿意去？""嗯，我愿意去。"我嘴里说，眼泪簌簌地直流，流得满面是泪。幸好在那间昏暗的屋里，我没让妈妈看见。我以前从不悄悄流泪，只会哇哇地哭。这回到上海去上学，就得离开妈妈了。而且这一去，要到暑假才能回家。

我自己整理了小箱子。临走，妈妈给我一枚崭新的银圆。我从未有过属于我个人的钱，平时只问妈妈要几个铜板买东西。这枚银圆是临走妈妈给的，带着妈妈的心意呢。我把银圆藏在贴身衬衣的左边口袋里。大姐给我一块细麻纱手绢儿，上面有一圈红花，很美。我舍不得用，叠成一小方，和银圆藏在一起做伴儿。这个左口袋是我的宝库，右口袋随便使用。每次换衬衣，我总留心把这两件宝贝带在贴身。直到天气转暖穿单衣的时候，才把那枚银圆交大姐收藏，已被我捂得又暖又亮了。花手绢曾应急擦过眼泪，成了家常用品。

　　一个八岁半的女娃娃，还是在父母怀里撒娇的年龄，可是此刻的杨绛就已为自己做主，跟随姐姐到上海求学。杨绛，八岁半就从无锡到上海求学，这意味着她从此离开父母的呵护，开始走向独立。这世上哪有不劳而获？在人们羡慕别人的累累硕果时，有没有想过别人背后的付出？为了求学，杨绛不得不放下亲情。吃不得学习的苦，又怎会有后来的学富五车？

　　这么小的孩子第一次离家，母亲怎能放心？这份舍不得是不言而喻的，所以母亲在为杨绛准备行李箱时没有点灯，她大概是担心孩子会看出自己的不舍和难过。而杨绛在拿行李箱的瞬间，情知要与母亲分离，忍不住离情大哭，从她后来珍藏母亲的银圆和姐姐的手帕这件事中可以看出，她是有多么地不舍得离开家、离开父母呀。可是，为了求学怎能没有牺牲呢？在小小年纪的杨绛心里，读书求学是最重要的事！

　　杨绛后来能取得令人瞩目的成就，跟她这份求学精神是分不开的。

杨绛的人生智慧

一个人在成长过程中会遇到很多的诱惑，而丢失本真。杨绛的那份率真一直保持到她晚年也不曾丢失过。杨绛的可爱可敬之处就在这里！一个人虽然经历了岁月的沉浮和人世的不公，但仍能坚守内心、坚持做最真的自己，这便是平凡中的不平凡。只是在生命的历程中，大部分人最终向命运妥协，改变自我去迎合世俗。

杨绛的父母以自己的实际行动，让杨绛耳濡目染，在面对外界干扰时，懂得守护初心；在面对自己的学业追求时，知道有舍才有得；在面对别人的无理要求时，敢于遵从自己的内心，勇敢地说不。

Chapter 2

高贵优雅：

我有柔情似水，亦有傲骨如梅

　　一个人经过不同程度的锻炼，就获得不同程度的修养、不同程度的效益。好比香料，捣得愈碎，磨得愈细，香得愈浓烈。

——杨绛

顺其自然，每朵花都有自己的花期

　　杨荫杭的教育理念来自《礼记》的"大叩则大鸣，小叩则小鸣"，提倡顺其自然。有时他教杨绛什么"合口呼""撮口呼"之类，但从不强求她学他的一套。杨绛高中时还不会辨平仄声。杨荫杭说："不要紧，到时候自然会懂。"有一天，杨绛果然四声都能分辨了。

　　有时父亲晚上踱过廊前，敲窗考她某字什么声。杨绛考对了，他高兴而笑；考错了，他也高兴而笑。

　　杨荫杭还认为，女孩子身体娇弱，不适合过度教育。据说他的那些在美国留学的女同学个个短寿，都是因为用功过度，伤了身体，所以他有个偏见，认为女孩子身体娇柔，不宜过分用功。他常对杨绛说，他班上有个同学每门课都是一百分，但"他是个低能"！

　　英国大教育家斯宾塞说过："过度教育和硬塞知识的方法，对女孩子比男孩子更有害。由于男孩子用来减轻过度学习的那些有趣的身体活动会多一些，而女孩子则只能羡慕地远远看着。还有，女孩子天然的温柔、听话，使老师、家长们更加喜爱她们（遗憾的是，她们为此大多会付出惨重的代价）。"

　　斯宾塞早在一个世纪前就说过"不可过度教育"，但遗憾的是，在今天的教育内卷下，这一点仍不被广大家长所重视。人们关心的是眼前的名校录取，而忽略了孩子的健康和终生发展。很显然，杨绛父亲的教育观点和斯宾塞不谋而合。因为杨荫杭的教育理念比较宽松民主，并不强求孩子能考满分，所以杨绛考试很少满分，她并不因此怕父亲嘲笑批评。

不过度教育，静待花开，每朵花都有自己的花期，只要精心培育，花开终有时。父亲给予了杨绛精心的培育，同时也给了她足够多的耐心等待，所以杨绛才能厚积薄发，终成大材。杨荫杭这种顺其自然的育人方法，培养了杨绛广泛的兴趣爱好和深厚的人文素养。杨绛从小喜欢文学，杨荫杭并不强求她一定要学习什么科目，而是用行动支持女儿的爱好。如果杨绛对什么书感兴趣，杨荫杭就把这本书放在她桌子上，有时他得爬扶梯到书橱顶层去拿；如果她长期不读，那部书就会不见了——这就等于谴责。父亲为她买的书多半是辞章小说，这些都是杨绛的最爱。

当时清华大学在国内就是一流大学，杨绛一心想考清华，但是当时清华没有招收南方的学生，杨绛只好就近进入东吴大学学习。她在东吴大学上了一年学以后，学校让他们分科（即分专业）。老师认为杨绛有条件读理科，因为杨绛有点像她父亲嘲笑的"低能"，虽然不是每门功课一百分，却都平均发展，并不偏科。老师的想法很符合正常人心理，即便是当今社会，仍有很多人认为成绩平衡的情况下应选择理科，甚至有的人并没有学习理科的天赋，还是选择学习理科，认为理科应用广泛，就业面广，但这些根本就没有个人的兴趣和特长所在。

正是由于这种社会普遍心理的影响，杨绛对自己选择什么专业也犹疑了，她回想道："我在融洽而优裕的环境里生长，全不知世事。可是我很严肃认真地考虑自己该学什么。所训'该'指最有益于人，而我自己就不是白活了一辈子。我知道这个'该'是很夸大的，所以羞于解释。"

对专业的选择，杨绛颇费踌躇，就回家向父亲求教，她相信以父亲的见识一定能帮自己选个合适的专业。其实，即便是今天，孩子们选专业时大多也是家长包办，所以杨绛的反应是正常孩子的表现。

她问父亲："我该学什么？"

杨荫杭回答："没什么该不该，最喜欢什么，就学什么。"

杨绛心里不踏实："只问自己的喜爱对吗？我喜欢文学，就学文学？爱读小说，就学小说？"

父亲开导她说："喜欢的就是性之所近，就是自己最相宜的。"

父亲的这番话让杨绛的心里有了底气，自己最喜欢的就是最适宜的。所以她终究不顾老师的惋惜和劝导，在文、理科之间选了文科。杨荫杭的做法，可以说令今天的很多家长汗颜。今天，有多少孩子的专业选择是服从内心的喜欢？在填报志愿时，很多人太过现实、太过功利，想到的是什么专业热门来钱快。房地产兴旺时，有多少人一窝蜂填报土木工程专业，又有多少人填报的是金融专业。导致没有多少人愿意学习技术类专业和自然科学专业，因为学技术很辛苦，金融和房地产来钱太快了。可是，技术行业不景气，必将导致实体行业衰落；实体行业衰落，又怎能真正推动生产力的发展？难道是靠虚拟的经济吗？人无远虑必有近忧，没有什么是最好的专业，适合就是最好的专业。杨绛父亲的话应该能给我们今天的家长以启示。

不过，当时东吴大学没有文学系，只有法预科和政治系。杨绛想报考法预科，将来可以帮助父亲打理律师事务所。杨绛的想法里也是有实用主义的，当今有多少家族企业就是按照企业的需要来培养孩子的。可是杨绛的父亲反对她读法律，因为当时社会混乱黑暗，正义无法得到伸张，且社会上地痞流氓横行，一个女孩子根本无法应对社会的复杂，所以，最终杨绛选择读政治。

　　我们谁也想不到，杨绛最初学的是政治，似乎她所学的专业跟她后来取得的成就不搭边。确实，杨绛并不喜欢政治，甚至厌恶政治，不过，她在保证学业成绩的基础上，在大学里如饥似渴地广泛阅读，为她后来的文学成就打下深厚的基础。

　　杨绛在东吴大学读三年级的时候，她母校振华女中的校长为她申请到美国韦尔斯利女子大学的奖学金。章程里说，除自备路费之外，每年的日常的零用，大约是两倍于学费的钱。杨绛谢绝了留学的申请，除了不想增加家庭的负担，她还有另外的考虑，她认为：与其到美国去读政治学，不如在本国较好的大学攻读文学。因为杨绛本身并不喜欢政治学，她热爱的是文学，再就是与其舍近求远到美国学习中国文学，不如就在本国主修。

　　父母亲对杨绛说，如果愿意，可以去，但他们听了杨绛的想法之后，遵从了孩子的心愿。后来，杨绛果然如愿以偿，考取了清华文学研究院。杨绛一方面为家里节省了大笔留学资金，另一方面考取了国内首屈一指的清华，父母当然为之高兴。

　　有时候，或许我们无法选择，但只要遵从内心的喜好，坚持下去，终究会有硕果累累的一天。不必随波逐流，顺其自然就好，只要精心努力了，终有花开鲜妍时。

一日不读书，一日不得食

有人说一个家庭中风水最好的地方就是书房，古人说"书中自有黄金屋，书中自有千钟粟"。杨绛之所以能取得后来的文学成就，可以说是父亲成就了她。因为她的父亲就是一位酷爱读书的耿直狷介的知识分子，并且家中藏书颇丰，父亲对子女的教育还很宽松民主，亦师、亦友。

有一天杨荫杭问杨绛："阿季，三天不让你看书，你怎么样？"

杨绛说："不好过。"

"一星期不让你看书呢？"

"一星期都白过了。"

杨荫杭笑道："我也这样。"

杨荫杭的一句"我也这样"，道破了父女之间志同道合的关系。德国哲学家雅斯贝尔斯说："教育的本质就是一棵树摇动另一棵树，一朵云推动另一朵云，一个灵魂唤醒另一个灵魂。"杨荫杭用言传身教，唤醒了杨绛内心爱读书的种子，所以说，好家长胜过好老师。

父女俩的这件事跟苏格拉底的一个故事很像，故事是这样的：

苏格拉底的父亲是一位著名的石雕师傅，在苏格拉底很小的时候，有一次他父亲正在雕刻一只石狮子，小苏格拉底观察了好一阵子，突然问父亲："怎样才能成为一个好的雕刻师呢？"

"看！"父亲说，"以这只石狮子来说吧，我并不是在雕刻这只石狮子，我是在唤醒它！"

"唤醒？"

"狮子本来就沉睡在石块中，我只是将他从石头监牢里解救出来而已。"

"唤醒"，多么富有启发意义的教育箴言！

听了父亲的回答，杨绛只觉得父女两人心同此感，自己好像成了父亲的朋友。这是一种非常难能可贵的相知，很多家庭，父亲和孩子过成了管制和被管制关系，双方交流很少，偶尔见到了，孩子见父亲也如鼠见猫，更别说能处成朋友，可以畅所欲言。所以杨绛非常珍视这种深深的相知与亲情。

杨绛的父亲每次买了好版本的旧书，都把卷曲或破损的书角补好，叫杨绛用白丝线双线重订。他爱整齐，双线只许平行，不许交叉，结子也不准外露。他的这种爱书行径对杨绛也是有着深深影响的，爱书者必定惜书。父亲忙的时候，状子多，书记来不及抄，杨绛就帮着父亲抄写状子，杨绛的书法也是在那时训练出来的。有时杨绛的三姑母杨荫榆也来找她的"差"，杨绛半世纪后回忆：

她在一个中学教英文和数学，同时好像在创办一个中学叫"二乐"，我不大清楚。我假期回家，她就抓我替她改大叠的考卷；瞧我改得快，就说，"到底年轻人做事快"，每学期的考卷都叫我改。她嫌理发店脏，又抓我给她理发。父亲常悄悄对我说："你的好买卖来了。"三姑母知道父亲袒护我，就越发不喜欢我，我也越发不喜欢她。

杨绛的三姑母杨荫榆是民国时期的一位女教育家，她脾性有些古怪，事业心又很重，家里的孩子都不喜欢她。当她要求侄女杨绛帮她没完没了地做事时，杨绛的父亲袒护女儿也是情之所至，因为杨荫杭一向对孩子宽松，他不喜欢让孩子累，更何况这个女儿杨绛还跟自己志同道合呢？这件事也说明了杨绛能力水平高，否则怎么可能被三姑母杨荫榆那样苛刻的人赏识看中？

读书，成就了杨绛！除了家学渊源，杨绛在东吴大学时，也积累了很多学问，增长了许多见识。

东吴大学图书馆的藏书相当可观，中外文学名著很多。杨绛在这里养成了嗜书如命的习好，上课之余读了大量的书籍，包括小说，特别是外国小说，她差不多都看了。读书改变了她对原有事物的看法，她回忆说：

最喜爱的学科并不就是最容易的。我在中学背熟的古文"天下致而百虑，同归而殊途"还深印在脑海里。我既不能当医生治病救人，又不配当政治家治国安民，我只能就自己性情所近的途径，尽我的份力，如今我看到自己幼而无知，老而无成，当年却也曾那么严肃认真地要求自己，不禁愧汗自笑。不过这也足以证明：一个人没有经验，没有学问，没有天才，也会有要好向上的心——尽管有志无成。

杨绛的这段话可谓发自肺腑，表明了她为人的谦虚和低调。

人读书越多就会越觉得自己无知。成熟的稻穗总是低着头。杨绛在老年时曾这样诚恳而不客气地劝慰过年轻人："你的问题主要在于读书不多，而想得太多。"这其实是对大部分人的精神苦恼的最简洁而朴素的概括。

杨绛就读清华时，曾撰写过《我爱清华图书馆》，拜读杨绛先生原文，或许能更多感受她对书的热爱，对清华图书馆的热爱。

我在许多学校上过学，但最爱的是清华大学：在清华大学里，最爱清华图书馆。

1932年春季，我借读清华大学。……一年以后，1933年秋季，我考入清华大学研究院。 清华图书馆扩大了。一年前，我只是个借读生，也能自由出入书库。我做研究生时，规矩不同了，一般学生不准入书库，教师和研究生可以进书库，不过得经过一间有人看守的屋子，我们只许空手进，空手出。

解放后，我们夫妇（钱锺书和我）重返清华园，图书馆大大改样了。……到阅览室阅读，只是找个空座，坐下悄悄阅读，只留心别惊动人；即使有伴，也是各自读书。我做研究生时，一人住一间房，读书何必到阅览室去呢？想一想，记起来了。清华的阅览室四壁都是工具书；各国的大字典、辞典、人物志、地方志，等等，要什么有什么，可以自由翻阅；如要解决什么问题，查看什么典故，非常方便。这也可见当时的学风好，很名贵的工具书任人翻看，并没人私下带走。

……我曾把读书比作"串门儿"，借书看，只是要求到某某家去"串门儿"，而站在图书馆书库的书架前任意翻阅，就好比家家户户都可任意出入，这是唯有身经者才知道的乐趣。我敢肯定，钱锺书最爱的也是清华图书馆。

爱读书的人才会热爱图书馆，内心才会丰盈，才能体味到千百种不同的人生。正如杨绛说的那样：读书可以治百病，一日不读书，一日不得食！

念念不忘，必有反响

.

世间事，念念不忘，必有反响。有时候缘分就是很奇妙的事，你心心念念想要某样东西，命运并不一定会爽快给你，可是它却会在你不经意的时候忽然来到你身边。杨绛一心一意想报考清华，可是当年清华却不招收南方的学生，杨绛只好就近入学东吴大学。就在她快要升级大四时，在学期将终的大考前，学生闹风潮罢考。

1932 年东吴大学因闹风潮停课。开学在即，杨绛是毕业班，即将毕业，学校停课对她们这一届学生能否按时毕业影响很大，于是杨绛就跟她的好友结伴借读清华。

杨绛在清华的借读生活中，发生了决定她一生命运的事情，这就是与钱锺书的相识与相恋。对此，她母亲唐须嫈常取笑说："阿季脚上拴着月下老人的红丝呢，所以心心念念只想考清华。"

她回忆说：

1931 年在东吴上学，秋季升入大学四年级。学期将终，大考前，学生罢考闹风潮。

1932 年东吴大学因风潮停课。开学在即，我级是毕业班。我与同班学友徐、沈、孙三君（皆男生）及好友周芬（女生）结伴到燕京大学借读。当时南北交通不便，过长江，须由渡船摆渡过江，改乘津浦路火车。路上走了三天。2月28日晚抵北京，有我们旧时东吴学友转燕京的费君来车站，接我们一行五人到燕京大学东门外一饭店吃晚饭，然后踩冰走过未名湖，分别住入男女宿舍，我和周芬住二院。我们五人须经考试方能注册入学。3月2日（日期或小有舛错），考试完毕，我急要到清华看望老友蒋恩钿，学友孙君也要到清华看望表兄，二人同到清华，先找到女生宿舍古月堂，孙君自去寻找表兄。蒋恩钿见了我大喜，问我为何不来清华借读。我告诉她：东吴、燕京同属美国教会，双方已由孙君居中接洽，同意借读。蒋恩钿说，她将代我问借读清华事。孙君会过表兄，由表兄送往古月堂。这位表兄就是钱锺书。他和我在古月堂门口第一次见面。偶然相逢，却好像姻缘前定，我们都很珍重那第一次见面，因为我和他相见之前，从没有和任何人谈过恋爱。钱锺书自回宿舍，我与孙君同回燕京。蒋恩钿立即为我办好借读清华手续。借读清华不需考试，只需有住处。恩钿的好友袁震（后来是吴晗夫人）说，她借口有肺病，可搬入校医院住，将床位让给我。我们一行五人在燕大考试及格，四人注册入燕京，我一人在清华借读，周芬送我搬入清华。周芬和恩钿、袁震等也成了朋友，两校邻近，经常来往。

7月，在清华借读大四级第二学期卒业，领到东吴大学毕业文凭，并得金钥匙奖。

钱锺书和杨绛初次在古月堂匆匆一见，并没说一句话，就那样惊鸿一瞥，就彼此定了终身。半个多世纪后，杨绛仍清晰记得她初见钱锺书时的样子，当时钱锺书穿着青布大褂，脚穿一双毛布底鞋，戴一副老式眼镜，目光炯炯有神，谈吐机智幽默，满身浸润着儒雅气质。杨绛对他的印象是"眉宇间蔚然而深秀"，而钱锺书对杨绛的印象是"颉眼容光忆见初，蔷薇新瓣浸醍醐"，他让她怦然心动，她让他眼前一亮。

孙令衔大概敏感到他们两人会发生什么，就莫名其妙地告诉表兄，杨季康有男朋友，又跟杨绛说，他表兄已订婚。喜欢是藏不住的，两个人心灵之间产生的电流能让周围的人感受到。可是钱锺书不管不顾，他一定要跟杨绛把话说清楚。

钱锺书写信给杨绛，约她相会。见面后，钱锺书第一句话就是："我没有订婚。"杨绛说："我也没有男朋友。"

用局外人的眼光看，钱锺书行为就像个傻子。他与人家女孩子只见过一面，况且还没说过一句话，就写信给人家约见面，不是太唐突吗？见面第一句话就说自己没订婚，他是否订婚与人何干？他这样急于表现，不怕把女孩子吓跑？

好在杨绛与他心有灵犀，她明白他急于表达的是什么，所以当即给予积极的回应。两人虽然没有互倾爱慕，但从此书信往返，以后林间漫步，荷塘小憩，开始了他们长达六十多年的相知相伴生活。自此，钱锺书和杨绛一直被世人称颂为文坛的一对璧人。

其实孙令衔说表兄订婚的事，是有缘由的：叶恭绰夫人是孙令衔的远房姑妈，称为叶姑太太。叶恭绰夫妇有个养女名叶崇范，洋名 Julia，是叶公超的从妹。叶姑太太看中钱锺书，曾带女儿到钱家去，想招钱锺书为女婿，但钱锺书本人不同意；后来遇上杨绛，彼此一见钟情，就更坚决反对与叶家联姻；不过叶小姐本人也不同意，她也有男朋友，一位律师的儿子。

孙令衔说杨绛有男朋友，也是另有一番缘由的：杨绛在振华女校读书时与费孝通是同学，巧的是两人又一同到了北京读书；因为当时追求杨绛的男生比较多，传言有72人之多，费孝通私下里对人说"要想追求杨绛先过他这一关"；久而久之，大家便以为费孝通是杨绛的男朋友，那些追求者们也就"知难而退"了。费孝通是杨绛男朋友就此传开。

杨绛与钱锺书交好以后，给费孝通写了一封信，告诉他："我有男朋友了。"真正的爱情便是这样，恨不得昭告天下，谁谁谁是自己的所有，绝不会含含糊糊，暧昧不清。如果对那段感情心里觉得不安，那一定是还不够爱。

有一天，费孝通来清华找杨绛"吵架"，就在古月堂前树丛的一片空地上，杨绛和好友蒋恩钿、袁震三人一同前来接谈。这种情况下费孝通应该清醒地明白，杨绛并没有把他当男朋友，否则就不会带朋友一起来和他谈话。"男朋友"风波大概是费孝通的一厢情愿。可是费孝通仍然不死心，认为他更有资格做杨绛的"男朋友"，因为他们已做了多年的朋友。

费孝通在转学燕京大学前，曾经问杨绛："我们做个朋友可以吗？"杨绛说："朋友，可以。"但此时，杨绛清楚地告诉费孝通："你不是我的男朋友，我不是你的女朋友。若要照你现在的说法，我们不妨绝交。"杨绛在感情问题处理上，说得明明白白，绝不拖泥带水。真爱便是这样，两人的世界里绝不可能容下第三人的存在。谈话后，费孝通很失望也很无奈，但只得接受现实：仍跟杨绛做普通朋友。

在钱锺书去世后，费孝通怕杨绛一个人孤苦，就前来看望她。老朋友相见，相谈甚欢，说到高兴处杨绛忽然想起年轻时的"男朋友事件"，在费孝通下楼回家时，她对费孝通说："楼梯不好走，以后不要来了。"费孝通只得无奈离去。

在杨绛的世界里，只有钱瑗和钱锺书，他们仨的世界外人怎能挤得进？

没遇到你之前，我没想过结婚

1929 年，20 岁的钱锺书报考清华外文系，中、英文成绩极佳，可是数学只考了 15 分。当时的校长罗家伦爱才，破格录取他。其实，在现当代文学领域，诸如钱锺书这样的"偏才"不在少数，如张爱玲、鲁迅、三毛都是跟钱锺书一样，数学成绩奇差，可是他们却在文学领域取得了令人瞩目的成就。可见，但凡大才，都是有某一方面超长能力的，如果以今天高考成绩取"平均值"的标准，这几位大师级别的人物，可能连大学的门都进不去，更别谈后来取得的成就了。很是佩服那时"清北"的校长，慧眼识珠，能不拘一格用人——蔡元培为了把只有小学文化的沈从文聘到北大教书，不惜帮他"伪造学历"；梅贻琦几次写电报给钱锺书，破格请他来清华任教；胡适不只是邀请自学成才的钱穆任北大教授，还请他一起编撰中小学课本……

蔡元培、梅贻琦、胡适他们才是真正的教育家！民国时期之所以创造了世界教育史上的奇迹，正是缘由"思想自由，兼容并包"的北大治学精神！这种精神，一直到今天，仍然令人向往，也激起了许多知识分子无限的教育情怀。

入学后，钱锺书学业甚好，读书很多，写起文章纵横捭阖，臧否人物口无遮拦，这就导致他给人以狂傲的印象。那时钱锺书在《清华周刊》发表了不少文章，是清华有名的才子，可以说，当时的钱锺书已名满清华。可就是这样的一位骄傲的大才子，见到杨绛后却能为她低首。钱锺书曾写给杨绛一段很美的文字："没遇到你之前，我没想过结婚，遇见你，结婚这事我没想过和别人。"

钱锺书的这一句情语，令许多人为之倾倒，这样美丽的语言，这样浪漫的情感，也就只有像钱锺书这样的才子才能说得出。所谓情人眼里出西施，果真如此！在平常人眼里，杨绛没有林徽因的美貌，也没有陆小曼的风流，可是钱锺书就偏偏喜欢她。杨绛母亲说杨绛的脚上系着月老的红线，也是真的是前世命定的姻缘，月老的红线非要扯着杨绛北上去见钱锺书。

两人在学校里开始恋爱了。钱锺书中年时曾写诗追忆他们恋爱的第一面，诗情画意的回忆，令人艳羡不已。他在诗中写道：

颉眼容光忆见初，蔷薇新瓣浸醍醐。
不知腼洗儿时面，曾取红花和雪无。

他依然记得当年的杨绛脸庞洁白红润，面如春花，清雅脱俗，犹如蔷薇新瓣浸醍醐，还带着一丝腼腆。人到中年还能回忆起当初恋爱的美好，说明他们的爱情没有被柴米油盐磨灭。此情永在，一直到最后钱锺书去世，杨绛还想着甘愿化为"望夫石"永远陪着钱锺书。后来，杨绛在《我们仨》中，用文字让钱锺书和他们的女儿钱瑗又活了一次。

杨绛也还记得，后来他俩在典雅的工字厅会客室谈过几次。钱锺书为了能常常见到杨绛，就鼓励她报考清华外文系研究生，并指点她要看哪些书。杨绛天资聪颖，自学了一年，于1933年夏考上清华外文系研究生，她的同班同学有季羡林等人。

　　钱锺书曾自负地说："用理学家语作情诗，自来无第二人！"他在《玉泉山同绛》的诗中是这样写的：

> 欲息人天籁，都沉车马音。
> 风铃呶忽语，午塔闲无阴。
> 久坐槛生暖，忘言意转深。
> 明朝即长路，惜取此时心。

　　钱锺书给杨绛的书信是一封接着一封，可是杨绛的回信却很少。热恋时的男女，恨不得时时卿卿我我，而杨绛却表现得十分冷静。这让钱锺书有了怨言，他对她抱怨道"别后经时无只字，居然惜墨抵兼金"。这不免使人想起钱锺书的《围城》中的唐晓芙不爱写信。

　　钱锺书表现出的是典型的"恋爱脑"，而杨绛遇事考虑则周全得多。她很少回信，偏偏一封信又被钱锺书父亲钱基博接到了，钱父见信拆开看了才知道儿子恋爱的事。钱基博看到信上写着："现在吾两人快乐无用，须两家父母、兄弟皆大欢喜，吾两人之快乐乃彻始彻终不受障碍。"读到此处，老先生"得意非凡"，说："此真聪明人语！"后来，钱锺元嫁给许景渊，钱父便拿出这封信来教育侄女。

难怪杨绛很少回信给钱锺书，原来她的头脑一直清醒自知。她知道，没有父母同意的爱情很难圆满；没有经过家庭的同意，投入的情感越多就越难抽身，对自身造成的伤害就越大。如果女孩子们都能像杨绛这般冷静清醒，世上又怎会有那么多的情伤？

　　此事的责任在钱锺书，不怨杨绛回信稀疏。因为在1933年初秋，钱锺书从清华大学毕业后回到无锡老家，并没有将自己与杨绛的恋爱的事告诉父亲钱基博，只是通过频繁的书信与杨绛谈情说爱。在恋爱关系没有确定之前，女孩子还是要矜持些比较好，不能因为自己喜欢，就情不自禁地把整个人豁出去，在这一点杨绛做出了很好的示范。

　　钱锺书的父亲钱基博看过杨绛的书信后，对她大加赞赏。他认为杨绛既懂事又大方，能体贴父母，顾及家庭，乃如意儿媳妇也。钱基博高兴之余，也不征求儿子钱锺书的意见，便直接给杨绛写了一封信，在信中，他郑重其事地将儿子托付给了杨绛。对此，杨绛认为，钱基博的做法，颇似《围城》中方豚翁的作风。

　　杨绛同时也把她与钱锺书恋爱的事，告诉了父母。杨绛说："锺书初见我父亲也有点怕，后来他对我说，爸爸是'望之俨然，接之也温'。"杨荫杭对钱锺书的印象极佳，视其为"乘龙快婿"。杨荫杭对钱锺书和杨绛的结合，看作是门当户对、天作之合。

　　通过这件事的处理，看得出杨绛思考问题和做事的周全，她思虑到了未来事情的发展，懂得为将来打算，而钱锺书完全是陷入了恋爱的泥淖，只想着花前月下卿卿我我的快乐。这也说明了钱锺书"痴气"，杨绛成熟。

　　接下来的事便顺理成章，杨绛和钱锺书在苏州订了婚。杨绛回忆说：

五六十年代的青年，或许不知"订婚"为何事。他们"谈恋爱"或"搞对象"到双方同心同意，就是"肯定了"。我们那时候，结婚之前还多一道"订婚"礼。而默存和我的"订婚"，说来更是滑稽。明明是我们自己认识的，明明是我把默存介绍给我爸爸，爸爸很赏识他，不就是"肯定了"吗？可是我们还颠颠倒倒遵循"父母之命，媒妁之言"。默存由他父亲带来见我爸爸，正式求亲，然后请出男女两家都熟识的亲友作男家女家的媒人，然后，（因我爸爸生病，诸事从简）在苏州某饭馆摆酒宴请两家的至亲好友，男女分席。我茫然全不记得"订"是"怎么订"的，只知道从此我是默存的"未婚妻"了。那晚，钱穆先生也在座，参与了这个订婚礼。

订过婚，钱锺书到上海的私立光华大学任外文系讲师，兼任国文系教员。杨绛则仍回北京，到清华念完研究生。因为钱锺书的族亲钱穆在燕京大学任职，不日即将北上。所以，在杨绛和钱锺书的订婚礼席散后，钱锺书父亲便把未来儿媳杨绛介绍给钱穆，约定跟他一起同车北上，这样杨绛也好有了照应。

钱锺书的父亲是个旧式人物，他此时能把杨绛介绍给族人钱穆，请他带杨绛一起北上，足以说明钱父对这个未来儿媳是十分满意的。在他眼里，"未来"两字可以省略了，杨绛俨然已是自己的儿媳了。

就此，人间一段佳话便拉开了美好的序幕。

新式女性走进旧式家庭

早在 1930 年 9 月，中英两国政府换文协定，英方归还中方庚子赔款。翌年 4 月，设立专门管理这批款项的董事会。管理方法是，先以基金借充兴办铁路及其他生产建设事业，然后以借款所得利息兴办教育文化事业，主要以举办留英公费生考试、资助国内优秀人才到英国学习为主要内容。

当时留学热风潮一时，钱锺书也有意出国留学见见世面。所以，当钱锺书在光华大学任教已满两年，完成了国内服务期时，他决定参加出国留学的考试。考试时间在 1935 年的 4 月，当时有 262 人参加考试，但被录取的只有 24 人。在这 24 位被录取者当中，钱锺书以总分 87.95 的成绩荣登榜首，并且是唯一的英国文学专业录取生。

接到这样的喜讯，钱锺书是兴奋的，他迫不及待地把已被录取、准备赴英留学的消息告诉了杨锋，并且十分希望她能陪同一起出国。其实杨绛是希望出国留学的，虽然曾经有过一次留学美国的机会，被她婉拒了，但那时的她是担心自己留学会加重父亲的负担，因为当时杨绛的父亲生病，家中失去了经济来源，而一大家子人都依靠父亲一个人养。可这一次不一样，如果自己能陪钱锺书出国留学，一来可以照顾钱锺书生活，二来自己跟他搭个伴儿，人不会孤寂，三就是自己陪钱锺书出去可以合用钱锺书的奖学金，这样能省下一些费用。

当时的杨绛即将在清华研究院毕业，只是外语部有规定，欲出国必须自费。可是已经顾不得那么多了，杨绛打算不等毕业休学一年，先与钱锺书结婚，再一同出国。杨绛与学校商定休学的事情后，未取得文凭便提前一个月回家。匆忙之中，她来不及写信通知家里，便收拾好行李急急动身了。

归心似箭，杨绛恨不得腋下生翅早点飞回去，将好消息告诉父母。当天杨绛到苏州的家时已是下午，一到家门口就把行李放下，一路连声喊着"爸爸！妈妈"，飞奔向父母的屋里。

父亲像是早就知道她要回来一样，在等候着她。父亲"哦"了一声，连忙掀帐子下床，欣喜地说："可不是来了！"

原来，杨绛的父亲杨荫杭在午睡时刚合眼，忽然心有灵犀觉得杨绛已到家了。他连忙起身听听声响，却没有声息，但他没有意识到自己是幻觉，笃定地认为杨绛回来了。于是，他又跑到她母亲房里找，没找到人，杨荫杭就问唐须嫈："阿季呢？"当时，杨绛母亲正在做针线活，闻言很是诧异，就反问道："哪来阿季？"

"她不是回来了吗？"父亲说。

母亲回答："这会子怎么会回来？"父亲只好又回房午睡，但辗转反侧就是睡不着，他心心念念着阿季回来了。

其实，为人父母者经常有这样的心理感应，尤其是在孩子小的时候，妈妈经常跟孩子有心理感应。孩子哭了、尿了，妈妈总是第一时间感知到。杨绛父亲之所以有这样的心理感应，说明了父女感情深厚。后来，父亲果真等到杨绛回来了，欣喜若狂。

杨绛的父母本就是开明之人，听杨绛说明了情况后，欣然同意杨绛的做法。原本他们就有意送杨绛出国留学，现在又有钱锺书做伴，何乐而不为呢？眼下，最紧要的是赶紧给一对有情人举办婚礼，这样在海外也能名正言顺地互相照顾。

　　杨绛和钱锺书的婚礼是在 1935 年的夏天举行的。婚礼分别在男女双方家里举行，据杨绛回忆：

　　7 月 13 日，我在苏州庙堂巷我家大厅上与钱锺书举行婚礼。我父亲主婚，张一条（仲仁）先生证婚，有伴娘伴郎、提花篮女孩、提娇纱男孩。钱锺书由他父亲、弟弟（锺英）、妹妹（锺霞）陪同来我家。有乐队奏"结婚进行曲"，有赞礼，新人行三鞠躬礼，交换戒指，结婚证书上由伴郎伴娘代盖印章。礼毕，我家请照相馆摄影师为新人摄影。新人等立大厅前廊下，摄影师立烈日中，因光线不合适，照相上每人都像刚被拿获的犯人。照相毕，摆上喜酒，来宾入席，新娘换装，吃喜酒。客散后，新娘又换装，带了出国的行李，由钱家人接到无锡七尺场钱家。新人到钱家，进门放双响爆仗、百子爆仗。新娘又换装，与锺书向他父母行叩头礼，向已去世多年的制父母行叩头礼（以一盆千年芸、一盆葱为代表，置二特上）。叔父婶母等辞磕头，行鞠躬礼，拜家祠（磕头），拜灶神（磕头），吃"团圆昼饭"。晚又请客吃喜酒，唐文治老先生、唐庆诒先生父子席间唱昆曲《长生殿》（定情）助兴。新人都折腾得病了。锺书发烧，病愈即往南京受出国前培训。我数日后即回娘家小住。我累病了，生外疹，又回无锡请无锡名医邓星伯看病。病未愈，即整理行装到上海。我住三姐家，不记锺书住何处。出国前，二人有好多应酬。

045

就这样，杨绛这样一位从新式家庭里走出的新式女性，在"古板"的旧式家庭钱家完成了当地风俗的婚礼。本来，钱家人以为这样的洋媳妇不会行磕头这样的大礼，没想到，杨绛一切都按钱家的规矩照办了。这让钱家人对杨绛有了很好的印象。钱锺鲁的母亲，也就是杨绛在文章中提到的"婶母"，欢喜地称赞杨绛"真是上得厅堂，下得厨房，入水能游，出水能跳，宣哥痴人痴福"。而钱家小兄弟姐妹，心里也暗自欢喜，因为钱锺书和杨绛自由恋爱可以为他们开个好头。

　　就这样，杨绛一脚跨进了钱家的大门，从此成了钱家"大阿官"的媳妇，这一路一走就是六十多年。

杨绛的人生智慧

　　遇到自己真心喜欢的人勇敢地去爱，执着地去追求，矢志不渝，才可能获得圆满。杨绛也深知，婚姻并不只是两个人的结合，而是两个家庭的结合，所以要想皆大欢喜，婚姻必须要得到父母的首肯。

　　事实证明，得不到父母祝福的婚姻，大多不幸福。因为，婚姻不仅是两个人的结合，还是两个不同背景文化的家族的结合，所以杨绛在自家举行过西式婚礼后，能尊重钱家的规矩，在钱家行三叩九拜的旧式婚礼仪式。杨绛的这种包容，也是一种人生智慧。

Chapter 3

活出"高级感":

最好的爱情,是彼此成就

只是在物质至上的时代潮流下,想提醒年轻的朋友,男女结合最最重要的是感情,双方互相理解的程度,理解深才能互相欣赏吸引、支持和鼓励,两情相悦。我以为,夫妻间最重要的是朋友关系,即使不能做知心的朋友,也该是能做得伴侣的朋友或互相尊重的伴侣。门当户对及其他,并不重要。

——杨绛

努力成为更好的自己

因为钱锺书申请的牛津奖学金不可以带家属陪同，所以，就算杨绛和钱锺书已经结婚，但仍然要以单身的身份出现。不过这并不妨碍他们西行求学。

在漫长的一个月航程里，航船在茫茫的大海上航行，让人难免心生无聊。但杨绛和钱锺书他俩并不觉得无聊，反而很享受，除了是新婚燕尔的原因，更多的是两个人有共同的志趣。他们的行李当中带来了很多书，在阅读的同时，他们还在做交流讨论。有一次，杨绛和钱锺书为了一个法语单词的读音而争得面红耳赤，杨绛嘲笑钱锺书的发音带有无锡乡音。后来，同船的一位法国老太太为他们做"裁判"，结果杨绛赢了，但杨绛后来回忆说，她虽然赢了，但赢得一点儿也不开心。

这让人想起一句话："家不是讲理的地方，是讲情的地方。"如果两个人为了追求学问，在言语间伤害了对方，这不是婚姻想要的。于是杨绛求和，但钱锺书仍然没有从情绪中走出，直到杨绛肚子饿得咕咕叫，钱锺书忍不住哈哈大笑，这才打破气氛的尴尬，于是俩人握手言和一起去吃饭了。其实，吵架时，先低头的那一个，并不是灰，而是更在乎这段感情，所以情愿认灰来维系这段情感，有时认怂也是一种生活智慧。

杨绛和钱锺书被很多人誉为神仙眷侣，因为俩人有旗鼓相当的才学，又有共同的兴趣爱好。这让人联想到鲁迅和原配夫人朱安的婚姻。朱安不识字，跟鲁迅的交流根本就不在同一频道，所以，尽管鲁迅也曾给过朱安机会，但是因为朱安没能努力改变自己，导致鲁迅对她很失望。朱安以为只要对鲁迅好，总有一天他能接受自己，但是对于鲁迅这样的人来说，精神世界的共鸣才是最重要的。因此，要想获得喜爱的人青睐，必须像杨绛这样，自己得有实力配得上对方。而这个最佳途径就是读书，读书能让你遇见更好的自己。

到了牛津以后，因为种种原因，杨绛不得不退而求其次做个旁听生，她打算听几门课，再到大学图书馆（Bodleian）自习。凡事有利也有弊，虽然杨绛一直耿耿于怀自己只是牛津的旁听生，但是正是缘于她是旁听生，才不会被学位所困扰，能有更多的时间和精力到图书馆学习，这为她后来的文学素养的积淀打下深厚的基础。

杨绛自己回忆说：

……我在苏州上大学时，课余常在图书馆里寻寻觅觅，想走入文学领域而不得其门。考入清华后，又深感自己欠修许多文学课程，来不及补习。这回，在牛津大学图书馆里，满室满架都是文学经典，我正可以从容自在地好好补习。

图书馆临窗有一行单人书桌，我可以占据一个桌子。架上的书，我可以自己取。读不完的书可以留在桌上。在那里读书的学生寥寥无几，环境非常清静。我为自己定下课程表，一本一本书从头到尾细读。能这样读书，还有什么不满意的呢？

杨绛十分豁达，她立马想到旁听生的好处。虽然有时她看到自己在身着学生服的同学们中，显得那么的格格不入，让人有些自卑，但是在无法改变的事实面前只能顺应。对杨绛来说，重要的不是能不能穿上学生服，而是要比穿学生服的那些人更努力，要成为像他们一样有学问的人。所以，杨绛和钱锺书十分珍惜这次留学机会，她回忆说：

牛津的假期相当多。锺书把假期的全部时间投入读书。大学图书馆的经典以十八世纪为界，馆内所藏经典作品，限于十八世纪和十八世纪以前。十九、二十世纪的经典和通俗书籍，只可到市图书馆借阅。那里藏书丰富，借阅限两星期内归还。我们往往不到两星期就要跑一趟市图书馆。我们还有家里带出来的中国经典以及诗、词、诗话等书，也有朋友间借阅或寄赠的书，书店也容许站在书架前任意阅读，反正不愁无书。

牛津假期多，在别的同学忙着假日旅行时，杨绛和钱锺书却不放过一点一滴时间，忙着读书。有人说钱锺书狂傲，可是钱锺书的狂傲是有资本的，没有大量的知识积累，他怎么可能狂傲得了？恃才傲物的基础是你得有才，在指责钱锺书狂傲时，可以反思一下，钱锺书为什么会这样博学多才？取得这样的成就，付出了常人难以企及的代价。不只是这些，杨绛在回忆录中说，她和钱锺书早晚散步都要去"探险"：

　　我们每天都出门走走，我们爱说"探险"去。早饭后，我们得出门散散步，让老金妻女收拾房间。晚饭前，我们的散步是养心散步，走得慢，玩得多。两种散步都带"探险"性质，因为我们总挑不认识的地方走，随处有所发现。

　　牛津是个安静的小地方，我们在大街、小巷、一个个学院门前以及公园、郊区、教堂、闹市，一处处走，也光顾店铺。我们看到各区不同类型的房子，能猜想住着什么样的人家；看着闹市人流中的各等人，能猜测各人的身份，并配合书上读到的人物。

　　……我们回到老金家寓所，就拉上窗帘，相对读书。

　　庄子曾描绘过孔子杏坛讲学的场景：有流水汤汤，有春花纷落，有书声琅琅，有琴瑟和鸣……在牛津那样的一个静谧的小镇，一对酷爱读书的男女，在温馨的窗帘后面，相对读书……

　　这便也是天堂的模样。

　　读书，能让你成为更好的自己！

婚姻最好的模样

　　杨绛自小家里就有用人照顾生活，所以杨绛从小到大是一心只管读圣贤书，十指不沾阳春水。可是当她走进婚姻时，一切便要自己独立去面对了。

　　刚开始杨绛和钱锺书借住在房东老金的家里，伙食也由老金家代办。与他们一起的，还有其他几位留学生。刚开始，老金家伙食还不错，可是后来每况愈下，钱锺书经常饿肚子。钱锺书读书强度大，伙食却跟不上，看着他日渐消瘦，杨绛急在心头。她想租一套备有家具的房间，伙食自理，这样膳宿都能有所改变。可是钱锺书对杨绛的想法却不以为然，他认为杨绛不会烧饭，好歹老金家能有现成的吃的，就劝杨绛不要多事。

　　杨绛却不这么想，她认为不会的可以学，老金家的茶饭，她自信能学会！有一回，钱锺书去上课了，杨绛又开始"探险"了，她发现有一处高级住宅区有招租广告，就壮了胆子独自去敲门。开门的是女房主达蕾女士—— 一位爱尔兰老姑娘。她打量了杨绛一番，就带她上楼看房间。

　　房子在二楼，一间卧房，一间起居室，取暖用电炉。两间屋子前面有一个大阳台，是汽车房的房顶，下临大片草坪和花园。

厨房很小，用电灶。浴室里有套古老的盘旋水管，点燃一个小小的火，管内的水几经盘旋就变成热水流入一个小小的澡盆。这套房子是挖空心思从大房子里分隔出来的，由一座室外楼梯下达花园，另有小门出入。杨绛问明租赁的各项条件，第二天就带了钱锺书同去看房。

杨绛对住房条件很满意，钱锺书看了也很满意。杨绛几次看到的租赁的房子都在很远的郊区，而达蕾女士的房子那里地段好，离学校和图书馆都近，过街就是大学公园。住老金家，浴室厕所都公用，使用起来很不方便，现在达蕾女士家有独立的厨房和卫生间，他们心里当然满意。只是，杨绛预计房租、水电费等种种费用，加起来得比老金家的房租贵。不过，凡事都有预算，只要在预算范围，提高生活质量是一件好事情，人没有必要为节省一个铜板而处处委屈自己。于是，杨绛和钱锺书与达蕾女士订下租约，随即通知了老金家。他们在老金家过了圣诞节，大约新年前后搬入了新居。

从老金家搬出，杨绛正式开启了主妇的日常生涯。她先在食品杂货商店定好每日的鲜奶和面包。牛奶每天早晨送到门口，放在门外。面包刚出炉就由一个专送面包的男孩送到家里，正是午餐时。鸡蛋、茶叶、黄油以及香肠、火腿等熟食，鸡鸭鱼肉、蔬菜水果，一切日用食品，店里应有尽有，杨绛只需到店里去挑选。

店里有个男孩专司送货上门：货物装在木匣里，送到门口，放在门外，等下一次送货时再取回空木匣。这家店的好处是除了送货上门，还不用当场付款，要了什么东西都由店家记在一个小账本上，每两星期结一次账。杨绛和钱锺书上图书馆或傍晚出门

"探险"，路过商店时，就订购日用需要的食品。店家结了账送来账本，他们立即付账，从不拖欠。于是店主把他们当老主顾看待，有时杨绛订了陈货，店主就会诚恳地告诉她："这是陈货，过一两天进了新货再给你们送。"有了什么新鲜东西，店主也会通知他们。

就这样，杨绛和商店结成了很好的彼此信任的消费关系。钱锺书曾在《槐聚诗存》里夸赞杨绛"料量柴米学当家"，杨绛认为自己无非是做了预算，到店里订货而已。就从杨绛的这些预算、订货做法可以看出，杨绛十分会居家过日子。中国民间有句古话：吃不穷穿不穷，一步算计不到就受穷。这句话说明的是，在居家过日子中主妇会预算的重要性。千万不能不根据实际情况，寅吃卯粮，透支以后的生活资源。无论是一个家庭、一个单位、一座城市，乃至一个国家，无不是这样的道理。

杨绛和钱锺书搬进新居后，当天晚上两人学会了使用电灶和电壶。一大壶水一会儿就烧开，虽然烧开水不是什么难事，但对于第一次居家过日子的杨绛和钱锺书来说，是件新鲜事。他们借用达蕾租给他们的日用家具，包括厨房用的锅和刀、叉、杯、盘等，学习对付着完成了当天的晚饭。

生活中的"柴米油盐"看起来没有什么学问，但是真正应付得好，也不是一件容易的事。但不管怎样，杨绛和钱锺书由此真正开始了婚后的独立生活。

由于搬家太辛苦，杨绛沉沉睡去了，令她没想到的是，第一天晚上刚刚学会使用电灶和电壶的钱锺书，竟然为她烧好一顿早饭。杨绛回忆说：

他一人做好早餐，用一只床上用餐的小桌（像一只稍大的饭盘，带短脚）把早餐直端到我的床前。我便是在酣睡中也要跳起来享用了。他煮了"五分钟蛋"，烤了面包，热了牛奶，做了又浓又香的红茶；这是他从同学处学来的本领，居然做得很好（老金家哪有这等好茶！而且为我们两人只供一小杯牛奶）；还有黄油、果酱、蜂蜜。我从没吃过这么香的早饭！

钱锺书的这份早餐让杨绛惊喜万分，她连连夸赞他的早餐做得好吃，没想到这一夸，钱锺书为她做了一辈子的早餐。

杨绛联想起三十多年后，一九七二年的早春，她和钱锺书从干校回北京不久，北京开始用煤气罐代替蜂窝煤。晚上杨绛把煤炉熄了，但早起时钱锺书照常端上早饭，还做了她爱吃的猪油年糕，满面得色。杨绛称赞他能烧年糕，他也不说什么，装作若无其事的样儿。杨绛吃着吃着，忽然诧异说："谁给你点的火呀？"（因为平时杨绛晚上把煤炉封上，钱锺书早上打开火门，炉子就旺了。）于是钱锺书得意地告诉她说："我会划火柴了！"这是钱锺书生平第一次划火柴，为的是做早饭。

钱锺书这样一个连鞋带都不会系，甚至有时会把鞋子穿反的"大阿官"，现在竟然会烧早饭了，真是"士别三日令人刮目相看"。好的婚姻便是这样——为了你，我便无所不能。

在搬入达蕾女士出租的房子后，杨绛和钱锺书有了独立的厨房了。为了能让钱锺书吃上他爱吃的红烧肉，杨绛反复琢磨实践，费尽心思，最后还真的成功了。她回忆做红烧肉的经历说：

锺书就想吃红烧肉。俞大缜、大纲姊妹以及其他男同学对烹调都不内行，却好像比我们懂得一些。他们教我们把肉煮开，然后把水倒掉，再加生姜、酱油等佐料。生姜、酱油都是中国特产，在牛津是奇货，而且酱油不鲜，又咸又苦。我们的厨房用具确是"很不够的"，买了肉，只好用大剪子剪成一方方，然后照他们教的办法烧。两人站在电灶旁，使劲儿煮——也就是开足电力，汤煮干了就加水。我记不起那锅顽固的辇肉是怎么消缴的了。事后我忽然想起我妈妈做橙皮果酱是用"文火"熬的。对呀，凭我们粗浅的科学知识，也能知道"文火"的名字虽文，力量却比强火大。下一次我们买了一瓶雪利酒（sherry），当黄酒用，用文火炖肉，汤也不再倒掉，只撇去沫子。红烧肉居然做得不错，锺书吃得好快活唷。

　　第一次把红烧肉做成功，给予了杨绛很大的自信，后来她如法炮制会做了很多的菜。钱锺书爱吃虾，于是杨绛想办法烧虾给他吃。但是在做的过程中，她遇到了难题：

　　……还有活虾，我很内行地说："得剪掉须须和脚。"我刚剪得一刀，活虾在我手里抽搐，我急得扔下剪子，扔下虾，逃出厨房，又走回来。锺书问我怎么了。我说："虾，我一剪，痛得抽抽了，以后咱们不吃了吧！"锺书跟我讲道理，说虾不会像我这样痛，他还是要吃的，以后可由他来剪。

杨绛学会了做饭，很开心；钱锺书能吃饱了，也很开心。从此，杨绛专职烧午饭，钱锺书为她做助手。那段时间是他们生活最快乐的日子，像是开辟了新天地。

　　杨绛为了钱锺书学会了烧菜，钱锺书为了给杨绛烧早饭，学会了划火柴。婚姻便是这样，为了你我可以改变自己，前提是你得懂得我的付出，你得为我的付出做出积极的回应。

　　神仙眷侣那是别人的恭维之语，生活是柴米油盐，把柴米油盐当作诗来做，婚姻便有了温馨和浪漫之气。或许，这便是婚姻最好的模样！

这是我的女儿，我喜欢的

　　杨绛回忆英国求学的那段日子，文字里充满了温馨，字里行间弥漫着浓郁的烟火气——没有烟火气的家不叫家。

　　日子过得温馨而充实，直到有一天杨绛发现了一个新生命的到来，钱锺书对这个新生命的到来欣喜若狂。好在当时杨绛只是个旁听生，没有功课的压力，她打算等孩子出世后带到法国去求学，那时便可以把孩子托出去，很多在巴黎求学的女生有了孩子，都是托出去的。

　　钱锺书谆谆嘱咐杨绛："我不要儿子，我要女儿——只要一个，像你的。"可是杨绛对于"像我"并不满意。她要一个像钱锺书的女儿。杨绛想象着女儿像钱锺书的模样，却又想象不出来，不过，后来，钱瑗确实有很多地方像钱锺书。

　　这个细节可以看出，钱锺书对杨绛很满意，也很爱。钱锺书是旧式家庭走出的人，杨绛第一次见他时，他穿的是长袍布鞋，而旧式家庭十分重男轻女，可是钱锺书却说，只要一个像杨绛的女儿。"最才的女，最贤的妻"，这是钱锺书对杨绛的美誉，如此看来这番话是发自内心的，否则他怎么会要求女儿像杨绛呢？他希望，他的女儿像杨绛一样贤淑有才华。而杨绛的心愿却是，愿女儿像钱锺书一样聪明机智。

爱的最好模样便是如此，彼此希望能在孩子身上看到对方的影子。

因为孩子的到来，杨绛体味到了怀孕的辛苦，你想风轻云淡也没那么容易，你生命的精华都让这样的小人儿吸走，所以为了那个小人儿未来的聪明健康，即便妊娠反应再严重，也得为孩子吸收充足的营养。

钱锺书对迎接这个孩子的到来，甚是郑重其事。他很早就陪杨绛到产院去定下单人病房，并请女院长介绍专家大夫。院长问："要女的？"（她自己就是专家，普通病房的产妇全由她接生。）可是钱锺书却说："要最好的。"

旧式中国很是忌讳男人进产房，钱锺书这个旧式家庭长大的"大阿官"，此刻却放下中国人最避讳的东西，他的眼里只有妻子和孩子的平安、健康。钱锺书不惜花大价钱给杨绛定了单人病房，使她们能被服务得舒适一些，而不是让杨绛和孩子在普通病房里跟很多人挤在一起。这一点，足可以说明钱锺书对妻女的珍惜。

杨绛费尽了折腾，好不容易把孩子生出来，因为在这个过程中用了麻药，所以杨绛沉沉地睡去了。在她睡着期间，钱锺书来看了她四次。虽然他们住的寓所离产院不算太远，但公交车都不能到达。所以钱锺书都是步行过去的。他第一次去是上午，没能见到杨绛，但知道得了一个女儿；第二次去，知道杨绛用了麻药还没醒；第三次去见到了杨绛，但是杨绛还在昏昏地睡，无力说话；第四次是下午茶之后，杨绛已清醒。护士特为他把娃娃从婴儿室里抱出来给爸爸看，钱锺书仔仔细细看了又看，看了又看，然后得意地说："这是我的女儿，我喜欢的。"

爱，是需要表达的，中国式爸爸总喜欢将对子女的爱藏在心里，人为造成父母与子女之间的隔阂。其实，父母大声将自己对孩子的情感表达出来，能给孩子带来安全感，更有利于孩子成长。

钱瑗长大后，得知她的爸爸对她的"欢迎辞"，很是感激。因为杨绛形容钱瑗出生时，"又丑又怪"，钱瑗感激父亲不嫌弃她"又丑又怪"，反倒对她的模样很欢喜。

杨绛身体弱，别的产妇住院几天后便出院，她那一次在医院住了一个月。在住院过程中，她没有闲着，而是跟护士学会了怎样照顾婴儿，学得像模像样。

钱锺书叫了汽车接妻女出院，回到寓所后，他炖了鸡汤，还剥了碧绿的嫩蚕豆瓣，煮在汤里，盛在碗里，端给杨绛吃。这让杨绛很是感动，一个什么活儿也不会干的钱锺书，在婚后发生了翻天覆地的变化，他不仅会烧早饭了，竟然还懂得照顾产妇。杨绛感慨，要是钱家的人知道他们的"大阿官"能这般伺候产妇，不知该多么惊奇。

就是这个叫"圆圆"的孩子出生，给杨绛和钱锺书带来无限的欣喜和期待。后来，这个孩子果真如钱锺书一样聪明，读书几乎过目不忘；做事又像杨绛一样理智较真，事事追求完美。孩子的成长便是这样，你期待他是怎样的人，他便会朝你期待的方向发展。重要的是在这过程中，父母要给予孩子真诚的鼓励，哪怕是一句"这是我的女儿，我喜欢的"。

爱，就是彼此的成就

　　杨绛在清华与钱锺书结成伉俪后，双双远渡重洋到牛津求学。钱锺书和杨绛都酷爱读书，在牛津求学期间，图书馆成了他们常去之地，他们以沉浸书海为乐趣。正因钱锺书爱读"闲书"，导致他一门功课挂科，因此苦恼不已。后来，钱锺书和杨绛终于想开，不为学位所困扰，全身心投入图书馆读书，正因为能够博览群书，才成就了后来博学多闻的钱锺书。虽然钱锺书在牛津取得的只是学士学位，但他的知识储备量，即便是博士也难以企及。

　　后来他们辗转到巴黎求学，就在他们沉迷于探索欧洲文化时，二战开始了，巴黎即将沦陷。匆忙中，他们放弃了学位，选择回归祖国。而国内，日本侵华战争正愈演愈烈，国人流离失所，杨绛的家人和钱锺书的家人也被迫逃离无锡，到上海法租界避难。

　　回国后，杨绛和钱锺书带着女儿钱瑗跟钱家大家庭挤居在一起，他们夫妇在钱家同甘苦、共患难。钱锺书父亲是旧派人物，杨绛父亲是新派人物，杨绛家境也比较富裕，所以杨绛在钱锺书父母眼中是位"洋盘媳妇"。然而，这位"洋盘媳妇"并不娇气，上得厅堂下得厨房，持家颇为能干，于是杨绛赢得了公公的称赞，说她"安贫乐道"。杨绛的公公问杨绛的婆婆，他身后她愿跟谁同住，婆婆答："季康。"杨绛认为，这是婆婆给她的莫大荣誉，值得她吹个大牛啊！

杨绛回国后的所作所为得到了公婆的认可和信赖，国难当头，家国流离，杨绛所表现出来的绝不是一个娇小姐的娇滴滴，而是一个知识分子的责任和担当。她在回忆录中写道：

我于 1938 年回国，因日寇侵华，苏州、无锡都已沦陷，我娘家、婆家都避居上海孤岛。我做过各种工作：大学教授，中学校长兼高中三年级的英语教师，为阔小姐补习功课，还是喜剧、散文及短篇小说作者，等等。

为了养家，杨绛做过大学教授、中学校长，还做过家庭教师；为了给战乱中的人们带来温暖和希望，她开始创作戏剧。喜剧《称心如意》就是那个时候创作的，演出后取得了巨大的轰动效应。

不过，杨绛并没有因为一举成名而忘记内心的追求。她在作品中说：

……但每项工作都是暂时的，只有一件事终身不改，我一生是钱锺书生命中的杨绛。这是一项非常艰巨的工作，常使我感到人生实苦。但苦虽苦，也很有意思，钱锺书承认他婚姻美满，可见我的终身大事业很成功，虽然耗去了我不少心力体力，不算冤枉，钱锺书的天性，没受压迫，没受损伤，我保全了他的天真、淘气和痴气，这是不容易的。实话实说，我不仅对钱锺书个人，我对全世界所有喜读他作品的人，功莫大焉！

他们刚到英国时，钱锺书乘公交摔了一跤磕了门牙，在杨绛生孩子住院时，钱锺书"坏事"更是频出。杨绛在《我们仨》中这样追忆那段日子：

……锺书这段时期只一个人过日子，每天到产院探望，常苦着脸说："我做坏事了。"他打翻了墨水瓶，把房东家的桌布染了。我说，"不要紧，我会洗。"

"墨水呀！"

"墨水也能洗。"

他就放心回去。然后他又做坏事了，把台灯砸了。我问明是怎样的灯，我说："不要紧，我会修。"他又放心回去。下一次他又满面愁虑，说是把门轴弄坏了，门轴两头的门球脱落了一个，门不能关了。我说，"不要紧，我会修。"他又放心回去。

我说"不要紧"，他真的就放心了。因为他很相信我说的"不要紧"。我们在伦敦"探险"时，他颧骨上生了一个疔。我也很着急。有人介绍了一位英国护士，她教我做热敷。我安慰锺书说："不要紧，我会给你治。"我认认真真每几小时为他做一次热敷，没几天，我把粘在纱布上的末一丝脓连根拔去，脸上没留下一点疤痕。他感激之余，对我说的"不要紧"深信不疑。我住产院时他做的种种"坏事"，我回寓后，真的全都修好。

读了这一段文字，很多人一定会有这样的感觉：钱锺书生活能力几乎为零。要知道，他连鞋带都不会系，甚至有时会把鞋子穿反，他太过依赖杨绛。现实中有多少女性能接受这样"巨婴"

般的男人？杨绛，只有杨绛才能接受钱锺书。杨绛曾写道：真正的爱不是改变对方，而是一起成长，寻到一个对的人，是给自己余生最好的礼物，不是因为我执着，而是因为你值得！就算终有一散，也别辜负相遇，好好相遇，好好道别。一个人，不辜负自己；两个人，别辜负对方。

杨绛的人生智慧

　　无论是在婚姻之前，还是在走进婚姻之后，杨绛始终作为一个独立的个体，出现在人前。她潜心读书，从没放弃过自己对精神的追求和学习的进步。

　　在生活遇到困难时，她不是一筹莫展的娇小姐，而是用"探险"精神，将自己化身为都能解决一切问题的"蝙蝠侠"。

　　在丈夫事业需要支持时，杨绛低下身段甘为"灶下婢"，以实际行动鼓励支持钱锺书写作。正是源于此，她才有资格成为"最才的女，最贤的妻"。

Chapter 4

敢于独立：

孤独，是生命的必修课

上苍不会让所有幸福集中到某个人身上，得到爱情未必拥有金钱；拥有金钱未必得到快乐；得到快乐未必拥有健康；拥有健康未必一切都会如愿以偿。保持知足常乐的心态才是淬炼心智，净化心灵的最佳途径。一切快乐的享受都属于精神，这种快乐把忍受变为享受，是精神对于物质的胜利，这便是人生哲学。

——杨绛

孤岛岁月

　　杨绛和钱锺书到巴黎大学求学，一家人生活得安逸而自得。然而这时，日本侵华战争打响了，在这过程中，杨绛的母亲在一家人逃难去上海的路上染病去世。这件事，杨绛很久后才知道，她是从家信中发现端倪的，因为一贯关心疼爱她的母亲，再也没有在信中为她留下片言只语。

　　母亲的离去对杨绛打击很大，为此她痛哭了很久，她一方面歉疚没有机会孝顺母亲，另一方面担心父亲的身体。虽然钱锺书的奖学金还能延期一年，但是杨绛和钱锺书已迫不及待想回国了。恰恰在此时，欧洲的战局也紧张起来，巴黎已经受战事的影响，很难买到回国的船票了。

　　事情的结果证明杨绛和钱锺书回国的决定是正确的。因为当时杨绛的同学季羡林在德国哥廷根大学留学，他因为战事的影响被迫留在德国八年。如果当时杨绛和钱锺书犹豫一下再回国，或许等待他们的是季羡林那样的命运。因为不久后，在1940年德军进攻了巴黎，巴黎沦陷。

　　在船上颠簸了二十多天后，杨绛和钱锺书一家终于到了香港。在香港登陆后，钱锺书应梅贻琦校长的邀请，要到昆明西南联大任教，而杨绛归心似箭，她急着要去看望自己的父亲。所以，在中途他们就分手了。到了上海后，杨绛由钱锺书的弟弟接回到了拉斐德路的钱家，去见钱锺书的父母和家人；第二天，杨绛带着女儿钱瑗到霞飞路来德坊看望自己的父亲。杨绛的婆家和娘家都住在法租界，相距不远。自此，杨绛便在两边跑着，以便照顾两头父母。

上海沦陷后，日寇在闸北、虹口、杨浦、浦东等地设立关卡。因英、美、法等国是中立国，所以它们的租界没有被日本人占领，因此当时的上海有"孤岛"之称。

虽然当时的日子艰难，但杨绛的回国，还有钱瑗的到来，给杨绛的父亲带来很多欢乐。他遗憾杨绛的母亲不在了，却又为她的离去感到宽慰，因为兵荒马乱之际她活着定然会有各种操心。杨绛的父亲在这一段时间内，享受着天伦之乐，他每天教钱瑗读书识字。这孩子果然聪明如钱锺书，过目不忘，这让全家人甚是惊喜。

就在此时，苏州沦陷了，杨绛的母校振华女校被迫关闭。于是振华女校的校长王季玉找到杨绛，希望她能帮助自己在上海建一所振华女校分校。振华女校是由王季玉女士的母亲一手创办的，后来王季玉又从母亲手上接管了振华女校。用她自己的话说，自己几乎是嫁给了振华女校。

在那样的战乱年代，王季玉和母亲办学绝不是为了发洋财，她们只是想在国难当头之际，兴办教育，以唤醒民众的思想。这样大公无私的人是可敬可爱的，杨绛深受感动。尽管她并不喜欢出头露面当官，但是为了帮助敬爱的老师实现心愿，她还是硬着头皮去做了。在做的过程中，杨绛发现，振华女校的账户上只有三千大洋，而那时的上海通货膨胀，大街上法币还不如草纸值钱，用这三千大洋要想把学校办起来，困难重重。

好在，经过多方斡旋，杨绛终于把学校办起来了，自己还兼任了英语教师。关于杨绛在振华女校上海分校的经历的资料不多，我们可以从她的一篇短文中，了解当时办学之艰难：

我们的事务主任告诉我，凡是挂牌子的（包括学校），每逢过节，得向本区地痞流氓的头儿送节赏。当时我年纪未满三十，对未曾经历的事兴趣甚浓。地痞流氓，平时逃避都来不及，从不敢正面相看，所以很想见识见识他们的嘴脸。恰逢中秋佳节，讨赏的来了一个又一个。我的模样既不神气，也不时髦，大约像个低年级的教师或办公室的职员，反正绝不像校长。我问事务主任："我出去看看行不行？"他笑说："你看看去吧。"

我冒充他手下的职员，跑到接待室去。来人身材矮小，一张黑皱皱的狭长脸，并不凶恶或狡猾。我说："刚开发了某某人，怎么又来了？"

他说："××啊？伊是'瘪三'！"

"前天还有个××呢？"

他说："伊是'告化甲头'。"

我诧异地看着他问："侬呢？"

他跷起大拇指说："阿拉是白相人啦！"接着一口气列举上海最有名的"白相人"，表示自己是同伙。然后伸手从怀里掏出一张名片。这张名片纸质精良，比通常用的窄四分之一，名字印在上方右侧，四个浓黑的字：“黑皮阿二”……

　　这段话可见当时办学的艰辛。这所振华女校一直维持到太平洋战争爆发，才宣告停办。杨绛除了做这份工作，还做过家庭教师，给当时广东的富商女儿补习过高一年级各门功课。办学是为了帮助恩师，做家庭教师是为了谋生贴补家用。尽管这两件事都不是杨绛喜欢做的事，但是为了生活，你别无选择。

　　杨绛喜爱的事是读书做学问，然而当时的社会环境根本不允许。她蜗居在法租界钱家的小亭子间里，为了不与钱家人格格不入，她放下心爱的书本学起了缝纫，开始为家里缝缝补补。二楼的亭子间密不透风，到了夏天更是闷热异常，可是杨绛总是不怕受苦，为全家人缝补。她的付出，赢得了钱家全家人的敬佩和喜爱，果真应验了钱锺书婶婶对她的夸赞：“上得厅堂，下得厨房，入水能游，出水能跳。”

　　这便是杨绛的坚韧之处。有人评价，只有杨绛才可担当“民国女神”的美誉，因为女神不只是美貌，也不是不食人间烟火，而是拥有让人敬佩的精神。

从今以后，咱们只有死别，不再生离

　　在上海全部沦陷后，杨绛任校长的振华分校被迫停办。为了养家糊口，杨绛就当起了一位富商孩子的家庭教师，又在小学代课，业余时间创作话剧。如果是太平时代，这样的日子还说得过去，可是在乱世中，杨绛的日子可谓是艰辛。

　　起初，杨绛代课的小学还没有被日军管辖，学校每月发三斗米，虽然不是什么好米，却比当局配给的细沙混合的米强得多，所以，尽管学校的路途很远，为了糊口，杨绛还是"乐此不疲"的。

　　杨绛一家挤居在拉斐德路钱家的二楼、三楼之间的亭子间里，一住就是八年。当时，钱家住处属于法租界，而杨绛代课的小学位于公共租界，相距甚远。杨绛每天都得乘车坐到法租界的边缘，然后步行穿过一段不属租界的路，再改乘公共租界的有轨电车。那时日本人规定：只许空电车过黄浦江上的大桥，乘客下车步行才给过桥。桥上有日本鬼子把守，过桥的人走过日本兵面前，都得向他们鞠躬。杨绛不愿行这个礼，便低着头混在人群中过去了。后来日本人改变办法，由日本兵上车检查过后，电车就可以载着乘客开过桥去。不过日本兵上车时，全体乘客都要起立，听候他们的盘查。

　　杨绛自然是不愿意向日本兵起立的，这就无意地表现在行动上。有一次，她在车上站得比别人晚了一拍，日本兵觉察后走到她面前，用食指在她颔下猛一抬。杨绛不能接受这样轻佻的动作，顿时大怒，咬牙切齿地大声喝道："岂有此理？！"

面对日本军的暴行，很多人敢怒不敢言，每次日本兵上车检查，空气就像凝固了一样。杨绛这一声喝，使原本凝固的空气陡然紧张到要爆炸的临界点。大家的心都揪在一起，不知该如何是好。日本兵大概从没遇到有人敢这样怒喝他，便与杨绛对视，杨绛也毫不示弱，她的眼睛里喷出怒火。或许是日本兵自觉理亏，又或许是他心中还有一丝人性没有泯灭，对峙一会儿后，那个日本兵转身走了。

电车又开动了，同车厢的乘客这才松下一口气，他们被吓得魂飞魄散。他们纷纷对杨绛说："啊唷！啊唷！侬吓杀吾来！侬哪能格？侬发痴啦？"事后，杨绛庆幸自己没闯大祸，躲过了一劫。不过，从第二天起，她情愿步行，再也不乘这一趟电车了。直到那所小学也被日军接管，杨绛才不再当"孩子王"。

杨绛还有一次遇险，被她机智化解。有一天日军疯狂地敲钱家的门，要求见杨绛。钱家人情知不妙，就让杨绛躲一躲。杨绛沉着应对，趁着到室内拿东西的时间，把钱锺书的手稿藏好，然后不慌不忙从后门走了。谁知日军不依不饶，一定要等到杨绛，否则就带走钱家人。无奈之下杨绛从邻居家借来一篮子鸡蛋，谎称刚刚离开是出门买鸡蛋。日军带走杨绛反复盘问，最后才知道他们抓错了人，于是杨绛得以回家。在那个年代，经常有进步文人遭到日军迫害和屠杀。

这时，钱锺书在哪儿呢？原来钱锺书一直在外地教书，家里的事只好由杨绛一人承担；后来他从西南联大回来休假，因战事交通阻断没能再回去，因而处于"失业"的状态。杨绛的父亲知道钱锺书的情况后，就把自己在震旦女子文理学院的职位让给了钱锺书。杨绛的妹妹杨必也是这所学校毕业的，钱锺书曾经教过杨必。为了减轻家庭的负担，钱锺书请求增加工作钟点，震旦女子文理学院的负责人同意了他的要求。随后，钱锺书又收了一名拜门的学生，酬金随着物价一起上涨。

沦陷区生活很艰苦，在钱锺书找到工作后，他们的生活总算能自给自足。和许许多多流离失所、在死亡线上挣扎的老百姓相比，杨绛认为，能自给自足就是胜利。钱锺书虽然屡被命运捉弄，但他觉得一家人能在一起患难与共，远胜于别离。看到杨绛养家这么辛苦，他发愿说："从今以后，咱们只有死别，不再生离。"

乱世中人命卑微如草芥，能活下来已属于不易，此时一家人能团聚在一起，共同分担生活的艰辛，至少可以温暖一下被现实凉透的心。钱锺书说到做到，后来，他真的再也没有离开过杨绛，除了死别，没有生离。

对上海"孤岛"生活的记忆，杨绛在她的回忆录里有过这样一段记叙：

我们沦陷上海，最艰苦的日子在珍珠港事变之后，抗日胜利之前。锺书除了在教会大学教课，又增添了两名拜门学生，但我们的生活还是愈来愈艰苦。只说柴和米，就大非易事。

日本人分配给市民吃的面粉是黑的，筛去杂质，还是麸皮居半；分配的米，只是秕，中间还杂有白的、黄的、黑的沙子。黑沙子还容易挑出来，黄白沙子，杂在籼里，只好用镊子挑拣。听到沿街有卖米的，不论多贵，也得赶紧买。当时上海流行的歌："粪车是我们的报晓鸡，多少的声音都从它起，前门叫卖菜，后门叫卖米。"随就接上一句叫卖声："大米要吗？"（读若"杜米要哦？"）大米不嫌多，因为吃籼不能过活。但大米不能生吃，而煤厂总推没货。好容易有煤球了，要求送三百斤，只肯送二百斤。我们的竹篾子煤筐里也只能盛二百斤。有时煤球里掺和的泥太多，烧不着；有时煤球里掺和的煤灰多，太松，一着就过。如有卖木柴的，卖钢炭的，都不能错过。有一次煤厂送了三百斤煤末子，我视为至宝。煤末子是纯煤，比煤球占地少，掺上煤灰，可以自制相当于四五百斤煤球的煤饼子。煤炉得搪得腰身细细的，省煤。烧木柴得自制"行灶"，还得把粗大的木柴劈细、敲断。烧炭另有炭炉。煤油和煤油炉也是必备的东西。各种燃料对付着使用。我在小学代课，我写剧本，都是为了柴和米。

这段文字体现了当时"孤岛"生活的艰辛，当时，人命真是如蝼蚁。可是再苦再难，也得想办法活下去呀。岁月艰难时，人的达观精神很重要，无论身处何时何地，困难总是一时的，只有积极投入生活，乐观面对困难，才能迎来胜利的曙光。但凡成大业的人，人生经历都很坎坷，年少时都曾经历过不同程度的磨难。如果人总是惦记过去的安逸辉煌，对比之下必定会生活在长吁短叹之中。杨绛的智慧之处便是在此，知足常乐，一切快乐都源自精神。

初入剧坛

一个原本生活优渥的知识女性，为了谋生不得不去做小学代课教师，不得不为了五斗米折腰去写剧本。但是物质生活的困顿，没有影响到杨绛乐观的情绪。

在当时的上海，人们的情绪虽然被笼罩上一层沦陷的忧思，但是大家并没有忘了要在苦难中寻找光明和乐观。向往光明和保持乐观，这是人们活下去的精神支撑。

当时，人们往往是通过戏剧（特别是话剧）这样喜闻乐见的文艺形式，来宣传革命，唤醒民众的爱国思想。那时，上海地下党把文化界抗日救亡运动的重心放在戏剧工作上，组织了专业性的职业剧团，开展业余戏剧运动。1942 年，上海就有剧团二十个，演出剧目八个。1943 年先后出现的剧团有几十个之多，剧场有二十多家，演员达二百余人，演出剧目近五十个。

文艺界、戏剧界的著名人士黄佐临夫妇和柯灵、李健吾、陈麟瑞等先后主持了"上海职业剧团""苦干剧团"等。

1942 年冬的一个晚上，陈麟瑞请钱锺书、杨绛夫妇上馆子吃烤羊肉，李健吾也在座。当时他们的吃法是蒙古人的吃法：即大家围着一大盆柴火，拿着二尺多长的筷子，从火舌里抢出羊肉夹干烧饼吃。这个场景让杨绛联想起了《云彩霞》里的蒙古王子，《晚宴》里的蒙古王爷。陈麟瑞、李健吾就怂恿杨绛："何不也来一个剧本？"并且告诉她黄佐临正愁没有好的剧本呢。

那时，上海职业剧团开张了一段时间，他们正在四处物色好的剧本。而在当时，写剧本的人为数不多。朋友的话惹得杨绛技痒，虽然那时的她还没写过剧本，但忍不住想动笔试一试。

她利用上课的业余时间，就在钱家二楼的亭子间里加紧创作了《称心如意》。先送给住得不远的陈麟瑞看，经陈仔细审阅后，又重新改写，随后这剧本就转到李健吾手里。没过数日，李健吾来电话说，《称心如意》立刻就排演，由黄佐临导演，李健吾也粉墨登场，扮演徐朗斋这个角色。经过一段时间的紧张排练，杨绛的第一部话剧《称心如意》于 1943 年春天正式公演。巧的是黄佐临的女儿黄蜀芹在 20 世纪 80 年代改编导演了《围城》。算起来，杨绛和钱锺书与黄佐临一家也真是有缘。

杨绛出手果然不凡，初出茅庐便一鸣惊人，《称心如意》的公演，引起了轰动。后来柯灵说"但一枝独秀，引起广泛注意的是杨绛。她的《称心如意》和《弄真成假》，是喜剧的双璧，中国话剧库中有数的好作品"。复旦大学教授赵景深在《文坛忆旧》一书中写道："杨绛女士原名杨季康，她那第一个剧本《称心如意》在金都大戏院上演，李健吾也上台演老翁，林彬演小孤女，我曾去看过，觉得此剧刻画世故人情入微，非女性写不出，而又写得那样细腻周至，不禁大为称赞。"

随着《称心如意》的成功，杨绛一鼓作气接连创作了喜剧《弄真成假》《游戏人间》，还有悲剧《风絮》。《弄真成假》完成于 1943 年 10 月。杨绛以敏锐的观察力和高超的艺术创造力，再现了 20 世纪 40 年代社会变革时期的社会风俗图，刻画了周大璋这人物形象，对他爱恨交加，既鞭挞又不乏同情。李健吾对于杨绛的《弄真成假》这样评价："假如中国有喜剧，真正的风俗喜剧，从现代中国生活提炼出来的地道喜剧，我不想夸张地说，但是我坚持地说，在现代中国文学里面，《弄真成假》将是第二道纪程碑。"夏衍说过，他 1945 年从重庆回到上海，看到杨绛的剧本，感觉耳目一新。

《风絮》是杨绛唯一的一部悲剧作品。最初发表在郑振铎与李健吾合编的大型文学月刊《文艺复兴》上，连载于该杂志的第三、第四期合刊和第五期。有人这样评价《风絮》：

如果说杨绛的两个喜剧，是对自私、虚伪、势利和粗鄙的人情世态尽情嘲讽、竭力鞭挞，显示了道德谴责力量，那么《风絮》则由社会批判转向了人生探索，引起的是对生活的品位和思辨，更耐人咀嚼，更深沉。两个喜剧，把人生无价值的东西撕裂得痛快淋漓，取得了相当成功的舞台效果，而《风絮》则把有价值的东西毁灭得同样毫不留情，它给予观众的心灵震撼不逊于前者。

杨绛在其《喜剧二种》的《重版后记》中谦称，"剧本缺乏斗争意义，不过是一个学徒的习作而已，虽然是认真的习作"。她还指出："如果说，沦陷在日寇铁蹄下的老百姓，不妥协、不屈服就算反抗，不愁苦、不丧气就算顽强，那么，这两个喜剧里的几声笑，也算表示我们在漫漫长夜的黑暗里始终没丧失信心，在艰苦的日子里始终保持着乐观的精神。"

杨绛这段话说得是何其精辟！乱世之中，人们往往会感慨"百无一用是书生"，可恰恰是文人手中的一支笔给黑暗中的人以光明的指引。

妻子，情人，朋友

　　随着《称心如意》等剧目的上演，杨绛在上海剧坛声誉鹊起，一时风光无限。人们介绍钱锺书时则说成是杨绛的先生。若是一般的大男子主义者可能会为这样的称呼恼怒，继而阻拦妻子出头露面。然而钱锺书虽然出生于旧式家庭，但他并不大男子主义，而是积极支持杨绛。有一次，钱锺书和杨绛一起去观看杨绛编写的话剧演出，回家后他对杨绛说："我想写一部长篇小说！"杨绛听后大为高兴，就催他快写。

　　那时钱锺书正偷空写短篇小说，怕没有时间写长篇。杨绛便鼓励他说不要紧，她劝说钱锺书可以减少授课的时间，这样可以腾出时间写长篇。至于因减少授课时间带来的经济损失，杨绛说生活可以节俭一些，辞退女佣，自己做家务可以节省出一笔钱。这样钱锺书就不会为谋生的事而担忧。

　　杨绛是出生于富裕之家的小姐，对劈柴、生火、烧饭、洗衣等是外行，她经常被煤烟染成花脸，或熏得满眼是泪，或给滚油烫出泡来，或切破手指。可是她急切地要看钱锺书写《围城》（他已把题目和主要内容和她讲过），做"灶下婢"也心甘情愿。

　　《围城》于1944年动笔，1946年完成。在那两年里，钱锺书"忧世伤生"，有一种惶急的情绪，又忙着写《谈艺录》。他35岁生日诗里有句"书癖钻窝蜂未出，诗情绕树鹊难安"，说的就是这种兼顾不及的心境。人在发愿要做某件事情时，恨不得全身心扑在上面，但是生活的种种迫使我们不得不分心分神，很多时候我们懊恼这样的生活环境，却又不得不生活在这样的环境。所以，钱锺书的这种惶急情绪是很多人都体会过的。

好在杨绛理解他，她懂钱锺书的价值，就牺牲自己的创作时间，全力支持钱锺书。就在钱锺书每每退缩时，杨绛不断督促鼓励他，替他挡了许多事，省出时间来，得以锱铢积累地写完。因而钱锺书在原版的序言里说：照例这本书该献给杨绛。

好的婚姻便是这样，彼此懂得，彼此成就，在婚姻中彼此都能成为更好的人。如果在一段婚姻中，你被迫放下了自己的爱好，被迫做自己不喜欢的事，从中你感受不到快乐，那么这段婚姻一定不够好。

杨绛为《围城》这一部中国现代文学史上的旷世名著的成功问世，做出了自己的贡献，这是钱锺书的幸运，也是中国现代文学史的幸运。杨绛向大家分享了钱锺书写作《围城》过程中的"闺房之乐"：

每天晚上，他把写好的稿子给我看，急切地瞧我怎样反应。我笑，他也笑；我大笑，他也大笑。有时我放下稿子，和他相对大笑，因为笑的不仅是书上的事，还有书外的事。我不用说明笑什么，反正彼此心照不宣。然后他就告诉我下一段打算写什么，我就急切地等着他怎么写。他平均每天写五百字左右。他给我看的是定稿，不再改动。

　　什么叫心心相印？杨绛和钱锺书用活生生的生活事例告诉了读者。这种"赌书泼茶"的乐趣是历代文人所向往的婚姻生活，她懂他写的是什么，他懂她笑的是什么，尽管不说破也不影响彼此的理解。人生难得一知己，因为钱锺书有杨绛这样的知心爱人，所以他便消磨了"人生大志向"，只想陪着爱人做点学问；而杨绛也十分乐意与钱锺书做个"隐身人"，一心只管做学问。难怪钱锺书誉妻是"绝无仅有的结合了各不相容的三者：妻子、情人、朋友"。

　　钱锺书立志做学问，他只是在看了杨绛的话剧时萌生写长篇小说《围城》的念头。圈内人都知道钱锺书不问世事是个学问家，没想过他会写长篇小说，而且还是讽刺之作。因而著名文学家李健吾当初接手钱锺书的书稿时，一时惊喜交加，没完没了地感叹：这个做学问的书虫子，怎么写起了小说呢？而且是一个讽世之作，一部"新儒林外史"！他多关心世道人心啊！

　　一部文学作品的成功与否，读者的喜爱程度不是唯一的评价指标，但一定是一个重要的衡量指标。钱锺书的《围城》出版后，历经数十载，读者如云，经久不衰，并被翻译成多种文字出版，可见这部作品获得了巨大的成功。这部作品先是在《文艺复兴》杂志上连载，后又编入《晨光文学丛书》出版。至 20 世纪 80 年代，又由人民文学出版社、三联书店等多次翻印，供不应求。难怪，钱锺书在听了人们纷纷盛赞杨绛的剧本时，无不骄傲地说："你们只会恭维季康的剧本，却不能知道钱锺书《围城》——锺书在抗战中所写的小说——的好处。"

杨绛成名在钱锺书之前，但钱锺书并没有因此觉得失落，在别人盛赞自己的妻子时，他为妻子感到骄傲，同时对自己充满自信。杨绛在成名之时并没有飘飘然，她并没有因此远离还默默无闻的丈夫，而是鼓励他、支持他、相信他。她始终相信他的价值，甘愿低头为他奉献。在当今的现实生活中，有多少丈夫在事业有成之后开始嫌弃妻子，又有多少妻子将自己的丈夫跟别人对比，觉得丈夫窝囊无能？他们不是互相提携彼此成就，而是在互相抱怨攻击中瓦解了婚姻。

婚姻和事业是两条并行发展的线，为了事业而忽略婚姻家庭的经营必然不会幸福；只顾小情小爱的卿卿我我而没有事业的追求，人生必然有遗憾。真正美好的婚姻一定是为了同一个目标而共同奋斗，他们彼此成全，互相成就，在精神世界里双方一定势均力敌处于平等地位。

拒绝“胡萝卜”

自从一九四五年抗战胜利，钱锺书辞去了震旦女子文理学院的授课工作，任中央图书馆英文总纂，编《书林季刊》；后又兼任暨南大学教授及英国文化委员会顾问。《围城》出版后，杨绛和钱锺书的朋友中又增添了《围城》爱好者。他们的交游面扩大了，社交活动也很频繁。很多时候，是杨绛在帮助钱锺书回复读者的来信。

抗战的胜利，使每个中国人倍受鼓舞，杨绛和钱锺书也不例外。然而，在上海沦陷期间，很多中国人饱经忧患，也见到了世态炎凉。杨绛和钱锺书常把当时的日常感受，当作美酒般细细品尝，化作浅斟低唱。这种滋味值得品尝，因为忧患能孕育智慧，忧患能警醒人的思想。

说忧患能孕育智慧，是因为在那段历史中，中国人凭借自己的勇敢和智慧战胜了不可一世的日本军国主义；说忧患能警醒人的思想，是因为常回味那段历史，至少可以警醒后人发愤图强，不让历史的悲剧重演。

在抗战期间，杨绛因剧作《称心如意》一举成名，钱锺书也因一部《围城》享誉海内外。于是就有人说钱锺书狂。钱锺书曾说："一个人二十不狂没志气，三十犹狂是无识妄人。"他是引用桐城先辈语"子弟二十不狂没出息，三十犹狂没出息"，也是"夫子之道"。

确实，年少时不轻狂，这样的年轻人必然是颓废的；在经历过世事后，如果还像年轻时那般轻狂，便是无知。倘若钱锺书年轻时不狂，也就不会有《围城》的出世。年轻时狂一回，即便是犯错了也不会有人责怪，如果在该沉稳的年纪还犯年轻时的错误，那便无法让人原谅。人在什么样的年龄，就应该做那个年龄的事。这便是钱锺书的"夫子之道"。

抗战胜利后，被奴役了很久的人们，逐渐恢复了正常的生活，也充满着对未来的期待。杨绛和钱锺书也开始了频繁的社交生活，他们接触到各式各样的人，每次宴会归来，总有许多讲究和种种探索。他们把所见所闻，剖析琢磨，"读通"许多人、许多事，长了不少学问。

当时，朱家骅曾是中央庚款留英公费考试的考官，很赏识钱锺书，常邀请钱锺书到他家便饭——没有外客的便饭。有一次，朱家骅许钱锺书一个联合国教科文的职位，立即被钱辞谢了。杨绛不明所以，就问钱锺书："联合国的职位为什么不要？"钱锺书回答说："那是胡萝卜！""胡萝卜"过后必然是"大棒"，钱锺书虽然是书呆子，此时却断然拒绝朱家骅的邀请，说明他看透了当时的国民党政府，也说明他不愿意蹚国民党政府的浑水，只想清清白白做一个做学问的知识分子。

当时杨绛不懂"胡萝卜"与"大棒"相连。到后来才明白，压根儿不吃"胡萝卜"，就不会受"大棒"驱使。一个人，如果不贪慕名利，必然就不会为"五斗米折腰"，也就不会因此失去气节。钱锺书出身旧式家庭，中国知识分子"饿死事小，失节事大"的思想对他的影响，还是根深蒂固的。

钱锺书每月要到南京汇报工作，早车去，晚上老晚回家。一次他老早就回来了，杨绛喜出望外。他告诉杨绛说："今天晚宴，要和'极峰'（蒋介石）握手，我趁早溜回来了。"钱锺书的话令人莞尔，民国的知识分子特有个性，十分不给蒋委员长面子，有的人掌掴过老蒋耳光，有的人踹过老蒋的肚子，老蒋拿这帮文人是没奈何。钱锺书为了躲避跟老蒋握手，提前溜回家，表明了他们这样的知识分子，对政治的冷淡和对权贵的蔑视。

胜利的欢欣很短暂，接下来是普遍的失望，再接下是谣言满天飞人心惶惶。因为解放战争开始了，国共两党到底是划江而治，最终鹿死谁手，人们并没有一个清晰的认识。不过，杨绛和钱锺书不问政治，他们沉浸在自己的世界里，所以对各式各样的谣言并不上心，因而也就没有惶恐。

钱锺书是书痴，当时他的第一个拜门弟子常请老师为他买书。不论什么书，全由老师选择。杨绛认为，其实这是无限制地供老师肆意买书。因为学生并不读，专供老师借阅的，所以书上都有钱锺书写的"借痴斋藏书"，并盖有"借痴斋"图章。钱锺书栖居上海期间，买书是他的莫大享受。新书、旧书他买了不少。所以"人心惶惶"时，他们并不惶惶然。

后来，国民党溃败台湾时，带走了一部分知识分子，也曾有人劝杨绛、钱锺书去台湾，也有的人劝他们去国外，甚至在国外为他们安排好了去处，但他们都不愿意离开故土。

郑振铎先生、吴晗同志，都曾劝杨绛和钱锺书安心等待解放，告诉他们共产党是重视知识分子的，让他们放心。但杨绛和钱锺书认为，对国家有用的是科学家，他们是"没用的知识分子"，他们清楚地知道，自己是旧时代的文人，新中国建立后必定会坐很长时间的"冷板凳"，不过他们已做好了"坐冷板凳"的思想准备了。

杨绛在《我们仨》中说：

我们如要逃跑，不是无路可走。可是一个人在紧要关头，决定他何去何从的，也许总是他最基本的感情。我们从来不唱爱国调。非但不唱，还不爱听。但我们不愿逃跑，只是不愿去父母之邦，撇不开自家人。我国是国耻重重的弱国，跑出去仰人鼻息，做二等公民，我们不愿意。我们是文化人，爱祖国的文化，爱祖国的文字，爱祖国的语言。一句话，我们是倔强的中国老百姓，不愿做外国人。我们并不敢为自己乐观，可是我们安静地留在上海，等待解放。

这段话，杨绛可谓是发自肺腑。爱国不是放在嘴皮上喊的，而是落实在行动上。他们不愿意去条件优渥的国外，只是因为脚下的土地是自己的母邦，在这里有自己的亲人和朋友，有祖先的语言和文化。金窝银窝不如自己的穷窝，不接受"胡萝卜"的诱惑，也不接受"大棒"的驱使，杨绛和钱锺书用实际行动表达了对祖国的热爱。

杨绛的人生智慧

杨绛用她的亲身经历告诉我们：无论生活在多么艰难的境遇里，都不要抱怨，多想生活的好，乐观面对，阴霾终有过去的时候。

人的一生不可能一路是坦途，走到哪座山头说哪座山头的话，切不可因为曾经的富贵安逸而不知变通。

面对困境，我们所要做的便是：放下身段，面对现实，在苦闷中创造一些快乐，使精神获得愉悦——因为这可以给黑暗中的人带来温暖和希望。

Chapter 5

从容通透：

在安静中，不慌不忙地坚强

我们曾如此渴望命运的波澜，到最后才发现：人生最曼妙的风景，竟是内心的淡定与从容；我们曾如此期盼外界的认可，到最后才知道：世界是自己的，与他人毫无关系。

——杨绛

心若淡然，波澜不惊

新中国成立后，杨绛与钱锺书先是在清华大学工作，后来调到外文研究所工作。当时他们的工资都不多，杨绛被评定为三级研究员，一年工资只有六百五十斤小米，钱锺书比她高一级，工资只有七百斤小米，也不高。与杨绛同级别的其他研究员，工资都比她高。那时薪资评定都由外文研究所的副所长一人说了算，制度上可能存在一些漏洞，但杨绛从未因自己的工资去找过领导，也从未为此争过，更不曾抱怨过。她一直到退休，依然是三级研究员。

依杨绛的性格，她是断然不会为薪水的多少愤愤不平，也不会为薪水的多少和领导套近乎，以求关照；钱锺书更是一个沉浸于学术的"痴人"，连基本的生活都要人照顾，哪还懂得世俗的那一套？因为他们一家人几乎活在人世之外，除了学术上与朋友有往来，其他的他们根本不晓得要去争，所以只能吃亏。

自古知识分子大多清贫，当真正面对功名利禄时，又有多少人可以真正做到"不为五斗米折腰"呢？名利本为浮世重，古今能有几人抛？连苏东坡都说："长恨此身非我有，何时忘却营营。"①

其实，短期内的名利得失，都是浮云，是给外人看的东西，每个人的内心都应该有自己的向往和追求，可我们往往是为了追求外在的东西，而忘却了内在的需求，或许，这就是现代人即使拥有充盈的物质生活，内心却总觉得孤独的原因吧。

杨绛是一个清醒而自知的人，她始终知道自己真正想要抵达的彼岸，不愿让外在的因素干扰自己的内心，所以她从未在意过这一切的不如意。当年她和钱锺书决定留在国内为祖国效力时，就已经做好了充分的心理准备，或许要面对一段艰辛且漫长的岁月。因此，这一切似乎都是意料之中的事，她也不是特别在乎。

她认为，每个人都有自己的宿命，自己无须感到不平，只要安心做好自己分内的事，服从领导调遣就好，至于晋升，并不重要，也无须强求。

1958 年，杨绛被派送到北京郊区接受社会教育，进行自我改造。杨绛被分在第一批。杨绛她们第一天去时，是住在村里一间尘土扑面的空屋里，因为长时间没人住，屋子里没人气，炕也很冷。后来，她们无奈只好搬到公社的缝纫室居住。

缝纫室里有一张竹榻，还有一块以前用来放衣服什物的木板现在用来做床。这块木板宽三尺，长六七尺，高高地架在墙顶高窗下，离地约两米，得登上竹榻，再登上个木桩子，攀缘而上，躺下了就不能翻身，得扶着墙一动不动，否则会滚下来。因为同

---

① 出自《临江仙·夜饮东坡醒复醉》，大意是经常厌恨这个躯体不属于我自己，什么时候能忘却为功名利禄而争相钻营！

住的人说她有恐高症，所以杨绛就委屈自己，选择睡在这个高木板上面。再后来不久，村里开办了托儿所。托儿所的教室里除了摆着很多小桌子、小凳子，还有个大暖炕。杨绛等四人就同睡这个大炕，不过她们的被褥经常被小孩尿湿。有一回，累了一天放工回来的杨绛，摸黑爬上炕，躺下时发现被褥不知被哪个小孩尿湿了。

有一次，杨绛半夜闹肚子，那时她睡在缝纫室的高铺上，尽管她尽力让自己保持平静，可是胃肠就是不听调停。当时得走半条街才是小学后门，那里才有"五谷轮回所"——厕所。实在没有办法，杨绛只好穿上衣服，由高处攀缘而下，硬着头皮，拿着胆子，带个手电悄悄出去。她摸索到通往大厅的腰门，推一推后竟纹丝不动，打开手电一看，上面锁着把大锁。只听得旁边屋里鼾声杂乱，吓得她一溜烟顺着走廊直往远处跑，经过一个院子，转进去有个大圆洞门，进去又是个院子，微弱的星光和月光下，只见落叶满地，阒无人迹。杨绛迫于无奈学习猫咪的"方便"方法，摸索得一片碎瓦，权当爪子，刨了个坑，然后掩上土，铺平落叶。当她再次攀缘到床上时，只见其他人睡得正酣，不曾被惊醒。

在为期十年的特殊岁月，杨绛家中的保姆顺姐、街坊邻居以及煤球厂的工人们，在她困难时都会偷偷地给她送去善意的问候和帮助……正是因为杨绛心中有他人，处处为他人着想，才赢得了同事朋友的爱戴。

内心宁静，多为他人着想，会让人活得更轻松快乐；如果心中被很多利欲填充，那原本纯净的心就会落满尘埃。可惜很多人明明知道这个道理，但难以付诸实践，而杨绛就是看淡了一切欲望，和谁都不争，心胸坦荡，她才活得那样从容淡定，最终找到了自己真正想要的快乐和幸福。

水无论在高处还是在低处，遇圆则圆，遇方则方，任何阻碍都不能挡住它东流的脚步，最终万涓成水，汇流成河，浩浩荡荡奔向大海——这就是水的智慧。这样的道理，很多人不是不懂，只是没有参悟透，而杨绛做到了，所以无论遭遇什么，总是不争不抢，怀着一颗柔和、悲悯的心，包容和善待着眼前的一切。

任岁月浮沉，我自优雅

　　杨绛的淡定从容、与世无争，不仅体现在对利益获得不计较和处事的宽容上，也体现在对生活的态度上。无论岁月沉浮与否，她始终初心不改，坚定地做着自己。

　　1953年初，在全国高校院系调整中，杨绛和钱锺书被调到北京大学文学研究所工作，由教授变为研究员，此后两人工作单位未曾变动。文学研究所所长由担任文化部副部长的郑振铎兼任，何其芳任副所长，并主持所里的工作。1956年，文学研究所划归中国科学院哲学社会学部，简称"学部"。学部于1977年独立并扩充成为中国社会科学院，胡乔木出任首任院长。

　　对清华大学来说，杨绛和钱锺书的离去是一种损失，但对他们两人来说，则未免不是一件幸事。虽然杨绛和钱锺书无比热爱着清华，对清华有一种特殊的感情，但"三反"运动的教训，让杨绛一直心有余悸，或许离开讲坛去做科研工作，才是更适合他们的事。

　　三十多年后，杨绛根据自身的生活经验和积累的丰富素材，写下了人生中的第一部长篇小说《洗澡》。小说《洗澡》中的主人公许彦成，在重新分配工作时填写的志愿是教英语文法，他的太太杜丽琳是教口语。许彦成的道理是："我曾经很狂妄。人家讲科学救国，我主张文学救国，不但救国，还要救人——靠文学的潜移默化。反正我认识到我绝对不配教文学的。如果我单讲潜移默化的艺术，我就成了脱离政治，为艺术而艺术。我以后离文学越远越好。"

许彦成的这番夫子自道，可以说代表了当时相当一部分知识分子的心声。只不过是杨绛将这种心声，通过小说人物之口表达出来而已。

起初，杨绛和钱锺书都在文学所外国文学研究组工作，不久，钱锺书被郑振铎借调到中国古代文学研究组，从此一"借"不再动。后来古代组和外文组分别升格为文学所和外国文学研究所，杨绛和钱锺书分别成了这两个研究所的研究员。此时，他们的家也由清华园迁至中关园。

杨绛说他们夫妇爱读东坡"万人如海一身藏"[①]之句，也企慕庄子所谓"陆沉"[②]，同时也赞同英美人把社会比作"蛇阱"，她曾在散文《隐身衣》中这样写道：

只见"阱里压压挤挤的蛇，一条条都拼命钻出脑袋，探出身子，把别的蛇排挤开，压下去；一个个冒出又没入的蛇头，一条

---

① 　出自苏轼的《病中闻子由得告不赴商州三首》，大意是，在茫茫人海的京城里藏一个人是非常容易的，指的是乐于藏身在繁华的人流之中的隐居生活。

② 　出自《庄子·则阳》："其声销，其志无穷，其口虽言，其心未尝言，方且与世违，而心不屑与之俱，是陆沉者也。"比喻贤者隐居于市朝中。

条拱起又压下的蛇身，扭结成团、难分难解的蛇尾，你上我下，你死我活，不断地挣扎斗争。钻不出头，一辈子埋没在下；钻出头，就好比大海里坐在浪尖儿上的跳珠飞沫，迎日月之光而斗辉，可说是大丈夫得志了"。

这段对"蛇阱"的描述可谓入木三分，没有超凡智慧的人断然是跳不出俗人的思想认识圈子，而说出这番深刻的话。说这段话的人，就像一位世外高人，众生的无奈，众生的挣扎，他都看在眼里，惜在心上，他企望开启世人的智慧，然而世人总是被凡尘中来来往往的热闹繁华遮蔽了双眼。杨绛在文中还这样写道：

社会可以比作"蛇阱"，但"蛇阱"之上，天空还有飞鸟；"蛇阱"之旁，池沼里也有游鱼。古往今来，自有人避开"蛇阱"而"藏身"或"陆沉"。

杨绛这番话足可见她是多么清醒，她知道自己的人生追求，不屑与人争锋，但也绝不向世俗妥协。因此，她和钱锺书才能毕生潜心做学问，终成大器。

大概是为了明志，迁至中关园时，杨绛在宿舍门前种了五棵柳树，后来绿树成荫，这不由得使人联想到五柳先生——陶渊明。或许，杨绛就是以陶渊明自比吧。

1953 年朱虹从北大西语系进入外文所工作，每周开会，杨绛都给朱虹留下了深刻印象，她曾这样评价杨绛："她特别端庄，穿得很整齐，可是不趋时，绝对不穿列宁装之类，有时候一些公共活动，我们不当回事，知道是走过场，可是她很认真。"

那个特殊年代各个单位动荡不已，文化圈也不例外。当时外文所整体气氛就对杨绛不友善，将她边缘化，而杨绛也不愿意挤进当时活跃的人际圈子，她自有自己的追求。

因为新中国刚成立时学习的是苏联的经验，所以将苏联专家的指示作为最高标准，而事实来讲，苏联的东西不一定全是最好的，也不一定都是对的。当年作为最高标准的研究成果，在朱虹她们看来，有些东西的价值也不高，而杨绛、李健吾、罗大冈等资深知识分子，对苏联的那些文学指示可能更是不敢苟同，所以他们只能通过翻译小说来充当研究成果。朱虹说："现在想想，老先生们的那批翻译，是最重要的学术成果，体现了那个时代的最高水平。"

朱虹最佩服杨绛的，就是她在什么情况下都抱有尊严感，绝不卑躬屈膝，一直到晚年还是如此。朱虹还用了"漂亮"这个词来形容杨绛。

一个人年龄老了，容颜也会衰老，面对满脸的皱纹，还有什么漂亮可言？所以，朱虹这里形容杨绛的"漂亮"，应是指她的书卷气，而不是外在的容颜，是整个诗书气蕴的外在显示。

容颜会随着岁月老去，而真正能体现一个人内在美的是她的内在气质，书香气自然可以体现出一个人最美的气质。

关于杨绛，朱虹还曾回忆说："不用说干校阶段了，她始终收拾得干干净净的，见到我们，拿把糖过来，让我们补身体；不管多脏多累，始终不像我们，拿着脏手就抓馒头，她天生有种大家气派——100 岁了还这样。我和柳鸣九[1]要送孩子回老家，没钱犯愁，结果杨先生不知道怎么了解到了，立刻送了 300 块钱过来，当时她送出去很多钱，别人不还，她也从来不要。"

从朱虹的回忆中我们可以看到，杨绛在困境中依然保持自己内心的追求，依然对自己严格要求，依然热心地帮助身边的人，这是多么难能可贵啊！所以，用"漂亮"来形容杨绛是不够贴切的，应该是优雅才对，杨绛配得上优雅这个词。

什么是真正的优雅？优雅不是外在的时尚，而是一个人由内在散发出来的对天地万物的悲悯情怀；是一个人历尽生活的伤痛，仍然满怀激情地热爱生活；是一个人面对命运的波澜，依然能淡定从容……

---

① 柳鸣九，知名作家、翻译家。

聪明是一种天赋，而善良却是一种选择

    新中国成立后，杨绛在工作上虽然经常遭受冷落，但她对自己负责的工作从来不马虎。每次的翻译工作，她都很谨慎地制订计划，将零碎的时间都利用起来，准时翻译完。很多时候，工作任务太多，时间太紧凑，根本来不及完成，杨绛就会不分昼夜地往前赶。翻译完之后，她还要请钱锺书帮忙仔细校对，如果钱锺书觉得哪里不妥，她还会再认真地修改一遍，直到满意为止，然后写到稿纸上。

    杨绛高负荷工作，收入却在同职位同事中最低，连女儿都觉得她这样做很不值。因为，即使她把工作任务完成得又快又好，领导也不认可她，最多认为译文好，不会给她公正的待遇。最让人感到委屈的是，每当她又快又好地完成工作任务后，有的同事还会对她冷言冷语，说她之所以能按时完成工作，是因为太闲，什么事都不管。

    面对这些不公的冷遇和打击，杨绛的内心虽然也觉得委屈，但她却能很快看开，从不将怨气撒在家人和同事身上。不论现实多么残酷，她始终保持一颗淡定从容的心，善待身边的每一个人。

    外文所里有位年轻同事的母亲和杨绛同龄，患有哮喘病，杨绛每当为钱锺书的哮喘病求医问药时，都会帮这位同事的母亲带药，还常常将各种药方抄给她。外文所里有一位从部队转业的同事叫侯自明，自干校回来后一直患病，需要不间断地服用糖浆，但侯家孩子多，生活负担重，又加上他长年生病，日子过得捉襟见肘。杨绛得知后，就会在为钱锺书买糖浆的时候，顺带着为老侯也买一份；杨绛和钱锺书还给他家里寄钱和粮票，在经济上不停地支持侯自明一家，从七十年代到九十年代从未间断。

外文所有个"刺儿头"，"文革"中曾经批斗过杨绛。这个年轻人因为性情耿直，后来也成了批斗的对象。他很后悔在那个特殊的时期受人指使批斗了杨绛，但杨绛毫不计较他的过错。"刺儿头"家生活困难，妻子在老家患重病，没钱寻医问药。杨绛知道后，主动借给他钱，并且给他妻子送去营养品。

有一回，"刺儿头"从老家回来后，杨绛出于关心，几次想上前询问他妻子的状况。可"刺儿头"见了杨绛就躲。有一次，他实在没法躲了，就告诉杨绛："也没见好，只有不停地吃药补身子。"他以为杨绛让他还钱，可他早已身无分文，只能看见她就躲。杨绛对他说："我不是要你还钱，我是想再给你 40 元寄回去，让她吃药补养。"听了这话，"刺儿头"大为感动，也为自己的"小人之心度君子之腹"而感到惭愧。后来，"刺儿头"从别人那里得知，当时杨绛仅有 50 元钱，却把 40 元给他。

后来，"刺儿头"在他的办公桌玻璃台板下，压着个很大的"人"字。他说："从杨绛身上我学到了什么是人，怎么做人。"

多年后，朱虹回忆杨绛说，杨绛在经济上资助的所有人，都没被要求偿还。唐山大地震时，大家都住帐篷，生活很不方便，朱虹就想着送两个孩子回湖南，但是没有路费。杨绛知道了，立刻给朱虹送来几百元路费，解了朱虹的燃眉之急。

杨绛不仅帮助同事，还帮助一切需要帮助的人。她的回忆性散文《老王》最能体现杨绛善良的人文情怀。在文中杨绛这样写道：

……

有一年夏天，老王给我们楼下人家送冰，愿意给我们家带送，车费减半。我们当然不要他减半收费。每天清晨，老王抱着冰上三楼，代我们放入冰箱。他送的冰比他前任送的大一倍，冰价相等。胡同口蹬三轮的我们大多熟识，老王是其中最老实的。他从没看透我们是好欺负的主顾，他大概压根儿没想到这点。

"文化大革命"开始，默存不知怎么的一条腿走不得路了。我代他请了假，烦老王送他上医院。我自己不敢乘三轮，挤公共汽车到医院门口等待。老王帮我把默存扶下车，却坚决不肯拿钱。他说："我送钱先生看病，不要钱。"我一定要给他钱，他哑着嗓子悄悄问我："你还有钱吗？"我笑着说有钱，他拿了钱却还不大放心。

……

我回家看着还没动用的那瓶香油和没吃完的鸡蛋，一再追忆老王和我对答的话，捉摸他是否知道我领受他的谢意。我想他是知道的。但不知为什么，每想起老王，总觉得心上不安。因为吃了他的香油和鸡蛋？因为他来表示感谢，我却拿钱去侮辱他？都不是。几年过去了，我渐渐明白：那是一个幸运的人对一个不幸者的愧怍。

杨绛没有因为自己是高级知识分子而瞧不上干苦力的老王，而是用平等的身段跟老王说话。老王身体有残疾，她并没有因此嫌弃他，反而送了一瓶鱼肝油给老王吃，治好了他的夜盲症。面对杨绛一家真挚的友情，老王也给予了真诚的回报。在"文革"期间，杨绛夫妇受到了不公平的对待，导致存款被冻结，老王送生病的钱锺书去医院看病，硬是不肯收杨绛的钱；夏天给杨绛家送冰比他前任送的大一倍；在他临终前一天还给杨绛送香油和鸡蛋……

善良是一种储蓄，你存下了善良，才能收获善良。

杨绛曾说过："善，是人性中所蕴藏的一种柔软，但却也是最有力的情怀。不管如何艰难，我们也应该坚持善良，不管多么孤独，也要坚守人格的高尚。因为总有一天你会明白，善良比聪明更难，因为聪明是一种天赋，而善良却是一种选择。"

不抱怨生活，苦中也能生出欢乐

在 20 世纪六七十年代的特殊时期中，杨绛和钱锺书曾被下放到安徽五七干校劳动。在那里，他们学会了干农活。

杨绛在她的《干校六记·学圃记闲》中讲述了她和钱锺书看守菜园的故事。杨绛在干校专管菜园，钱锺书负责看守工具。他们俩被分派在两处干活居住，相距的路程不过十来分钟长短。因为大家都知道杨绛和钱锺书的关系，每次借劳动工具时，都让杨绛前去借，目的是给他们一个相会的机会。所以，在劳动之中，或者闲暇之中，他们常常能相会。他们相会的时间很短暂，甚至有时跑很远的路只能看对方一眼，但就这一眼就能获得心灵的满足，给寡淡的下放生活带来些许浪漫。

杨绛在她的另一则故事中让读者们见证了她和钱锺书的伉俪情深。她在《干校六记·冒险记幸》中写道，为了和钱锺书团聚，她冒险走夜路。有一个雨天，杨绛只身奔去看钱锺书，荒天野地，四处积涝，没被淹的地方道路泥泞不堪，近乎沼泽；被淹的地方，早已不见路影。杨绛凭着对往来道路的记忆，几经磨难，冒险过河，总算到了钱锺书的宿舍门口。只匆匆见了一面，杨绛便反身往回走。因为天色已晚，回去的路更难走。好在，几次杨绛都化险为夷了。杨绛用极其平淡的语气描述了这段经历，但一路上的险情重重，让人不由得为她的冒险行动捏一把汗，却又让人感叹患难见真情。

然而，年老体弱的他们，还是难以承受农村的艰苦生活和繁重的体力劳动。后来，上级部门选择了一批老弱者先回北京，原先回京的名单中有钱锺书，但是正式公布回京的人员名单中却没有，所以他们的情绪多多少少有些失落。不过杨绛和钱锺书还是选择去送一送那些回京的人。

回京的人动身那天，夫妇俩清早都跑到广场去欢送。客里送人归，另是一番滋味。就像当年文姬归汉，同样命运流落到匈奴的妇女们，是多么羡慕她能回归故里啊。杨绛羡慕这些能回去的人，也为自己和钱锺书不能回京感到失落。她怅然望着两辆大卡车载着人和行李开走，忽有女伴把她胳膊一扯说："走！咱们回去！"这一扯，才把杨绛从怅然若失的情绪中拉回现实。

杨绛心想，"回家的是老弱病残。老弱病残已经送回，留下的就死心塌地，一辈子留在干校吧。"杨绛对回京失去了希望，可是不管人身处何方，生活还得继续。

一天，钱锺书路过菜园，杨绛指着窝棚说："给咱们这样一个棚，咱们就住下，行吗？"

钱锺书认真想了一下说："没有书。"

杨绛认同：真的，什么物质享受，全都舍得，没有书却不好过日子。他箱子里只有字典、笔记本、碑帖等。

杨绛问："你悔不悔当初留下不走？"

钱锺书说："时光倒流，我还是照老样。"

钱锺书的回答让人心生感动，他曾经有过到联合国任职的机会，可是他拒绝了；他也曾受邀去海外定居，可是他也拒绝了，因为他和杨绛都舍不得离开故土。如今，他没有因为在政治运动中受到迫害而后悔当初的决定。可见，钱锺书的内心是矢志不渝地热爱着祖国和家乡的。

钱锺书在生活能力上像个孩子，但是在抉择问题时从未犹疑过。在杨绛眼里，钱锺书向来抉择很爽快，好像未经思考，可事后从不游移反复。或许是男女思维不同，虽然平时处理外事的都是杨绛，但是遇到问题时她总不免要思前想后，不过最后两人的抉择总相同。既然是自己的选择，而且不是盲目的选择，到此也就死心塌地，不再心生妄想。不抱怨生活，不能流泪就微笑吧！自此，杨绛做好了长期扎根农村的思想准备。

其实，无论生老病死，无论外界生存环境多恶劣，只要能和爱的人在一起，便不会觉得苦，即便当下过着苦日子，也能从苦中作出乐来。杨绛便是这样。当时与杨绛一起下放干校的张佩芬，后来在《文汇报》撰文回忆她和杨绛的"联床之谊"时说：

……我们时而四人，时而两人，在井边冲凉或洗衣（洗大件衣物当然得等休假日），杨先生又让我经验了她另一种"善利万物"的本领。两年干校生涯中，我最厌烦天天要开会听人说假话。杨先生当然也不可能心情痛快，却总能克制自己，用一种特殊的方式让我们开朗起来。隔了三十年后，再回溯潮水井边、棚屋里那一次次夜谈，越发感到她的坚强。她坐在不舒服的小马扎儿上，轻声叙说她儿时双亲老家、妹妹杨必、女儿钱瑗和丈夫钱锺书的趣闻逸事，没有丝毫刻意构造的痕迹，随意而流畅，就像一支美丽乐曲流淌出宜人的旋律，飘散着抚慰人的乐音。我无以为报，只能回赠以老母寄自上海的巧克力等零食，当时对我而言，亦属"割爱"之举了。杨先生从不推辞，却也从不和我同享，多少令我觉得奇怪。有一天我清早出工，走在田间，刚取出一枚无花果要吃，迎头撞上了钱先生，便递给了他。他当即剥去包纸塞进嘴里，现出一脸灿烂的笑容。我顿时悟到杨先生不和我同享的原因。难道还可能有别一种不合乎她本性的做法么？

这段文字十分传神地从侧面表现了杨绛淡泊如水的心境和她与钱锺书恩爱甜蜜的关系。亲情可以给人战胜困难的勇气，也是人在困境中的抚慰剂，轻轻叙述亲人的逸闻趣事，既是对他们深深的依恋，也是对往事的甜蜜回味；有好的东西与爱人一同分享，当爱人的脸上露出灿烂的笑容时，这抹笑容不是可以扫去一天的疲惫与阴霾吗？还不只这些，在杨绛和钱锺书的生活中，还有彼此的互相开导，颇有情趣。

据传记作家罗银胜在他撰写的《杨绛传》中记载："杨绛寄寓杨村的时候，房东家的猫儿给她来了个恶作剧。她们屋里晚上点一盏油盏，挂在门口墙上。杨绛的床离门最远，几乎全在黑影里。有一晚，她和同屋伙伴儿在井边洗漱完毕，回房睡觉，忽然发现床上有两堆东西。她幸未冒失用手去摸，而是先打开手电照，只见血淋淋一只死鼠。她们谁也不敢拿手去抾。杨绛战战兢兢移开枕被，和同伴提着床单的四角，把死鼠抖在后院沤肥的垃圾堆上。第二天，她老大清早就起来洗单子，汲了一桶又一桶的井水，洗了又洗，晒干后又洗，那血迹好像永远洗不掉。"

杨绛遇见钱锺书，就把这桩倒霉事告诉他，说猫儿"以腐鼠'饷'我"。钱锺书安慰妻子说："这是吉兆，也许你要离开此处了。死鼠内脏和身躯分成两堆，离也；鼠者，处也。"杨绛听了大笑。

这些轶事让后人读了心生羡慕，羡慕他们鹣鲽情深。也让人感叹：人生就是由无数个取舍组成的，如果只能选择一次，一定要选择和爱的人在一起，那些所谓的荣华富贵、鲜花掌声，都是过眼云烟，唯有爱是刻骨铭心的。

认清生活的真相，依然热爱生活

　　罗曼·罗兰说，生活中只有一种英雄主义，那就是认清生活的真相之后，依然热爱生活。

　　在下放五七干校的日子里，杨绛和钱锺书随行带的物品除了生活必备品就是书。她在后来出版的散文集《干校六记》中这样写道：

　　……箱子里带的工具书和笔记本可以拿出来阅读。阿圆在京，不仅源源邮寄食物，还寄来各种外文报刊。同伙暗中流通的书，都值得再读。宿舍四周景物清幽，可流连的地方也不少。我们俩每天黄昏一同散步，更胜于菜园相会。我们既不劳体力，也不动脑筋，深惭无功食禄，看着大批有为的青年成天只是开会发言，心里也暗暗着急。

　　在当时，他们连钱锺书随身携带的工具书、碑帖和笔记本都拿出来阅读。杨绛、钱锺书还向"同伙"李文俊借阅了原版的《大卫·科波菲尔》。当然，他们读的时候手边随时备好一本小册子或《红旗》杂志，以便遇到情况时做掩护。这本书的页边上，写满了杨绛夫妇用铅笔做的各种批注。

因为有书相伴，有爱人相伴，所以，尽管他们的下放生活很清苦，但仍活得有滋有味。

落实政策后，杨绛和钱锺书在周总理的关怀下得以回城。在他们的家，简朴的房间里，最醒目的是大小书柜放满书籍：中文与外文、古典与现代杂陈，彰显着屋子的主人中西文化贯通。《围城》的英、俄、德、日译本也夹杂在其中。屋里一横一竖两张旧书桌，大的面西，是钱锺书的；小的临窗向南，是杨绛的。

有人问他们："为什么一大一小不一样呢？"

杨绛答道："他的名气大，当然用大的；我的名气小，只好用小的！"钱锺书立马抗议："这样说好像我在搞大男子主义，是因我的东西多嘛！"

看到钱锺书急眼了，杨绛赶忙笑吟吟地改口道："对，对，他的来往信件比我多，需要用大书桌。"

记者看钱锺书案头，确实堆满信札和文稿。他坐在桌旁，举着毛笔告诉记者："每天要回数封信，都是叩头道歉，谢绝来访。"

这就是两位老人的日常生活，虽然"文革"中他们因"书"被批斗，但是他们依旧痴爱读书，并且乐此不疲。但凡图书馆里的书，不管新的、旧的、中文的、外文的，他们都要翻翻看看。好在供他们阅读的书很丰足，会从各方面源源供应。外文书刊也从不断炊。只要手中有点外汇，他们就赶忙用来买书，国外出版社的稿酬，他们一般不取现金，而是开出书单子，请对方以实物支付。

读书使人明理，但凡爱读书的人大都热爱生活！

他们对生活的热爱，还体现在他们的文章里。虽然历经坎坷，但他们始终能笑着面对；面对生活的风雨，他们还能幽默以对。连夏衍先生都赞叹他们："这真是一对特殊的人物！"当然，他们的幽默与众不同，有一种洞察世情又超出物外的味道，使人仿佛置身于一个智慧的世界里。

　　尤其是杨绛的文章，文如其人，云淡风轻，有几分钱氏的谐趣，更有其特有的潜沉的洞彻与谦和的宽容。就算是经历了"丙午历劫"那样大的打击，杨绛也能平和面对。她对那段生活是这样评价的：

　　按西方谚语："每一朵乌云都有一道银边。"丙午丁未年同遭大劫的人，如果由此而锻炼了个人的坚韧，彼此间加深了一点了解，滋生了一点同情和友情，就该算是那一片乌云的银边或竟是金边吧？——因为乌云愈是厚密，银色会变为金色。

　　常言"彩云易散"，乌云也何尝能永远占领天空？乌云蔽天的岁月是不堪回首的，可是停留在我记忆里不易磨灭的，倒是那一道含蕴着光和热的金边。

　　她见过了人世的丑陋，却能在心里留下彩虹的美丽，这就是杨绛的智慧——认清生活的真相，却依然热爱生活。

　　虽然晚年的杨绛失去了女儿，失去了老伴，但她依然初心不改，执着地热爱着生活。她将全部的热情都投入到了创作中。如果没有杨绛的倾情投入，钱锺书的遗稿将无法面世，这对现当代文坛是一件无法估量的损失。如果没有杨绛的深情回忆，后世之人也就无法知道这对璧人的一些雅趣，文坛上也就少了许多趣闻轶事。而这些都是她热爱生活、积极生活的表现。

杨绛《干校六记·"小趋"记情》中记述了这样的一则故事，这是整个散文集中最为动人的一篇。故事讲述的是，在干校劳动改造之余，大家集体收养一只流浪小狗"小趋"。这只瘦弱的小狗，因为得到众人零星的食物救济，成了大家忠实的朋友。和人相比，这只叫小趋的小狗只是不会说话而已，它懂得感恩，跟人一样充满感情，它用自己的方式表达着对收养它的好心人发自内心的感激与依恋。

小趋只是一只狗，狗不会伪装，它的情感是真挚的，它所有的外在表现都是内心的真实体现。为了报答人的一饭之恩，它可以用一生的时间来追随。

有的人在见识过社会的残酷后，变得不再相信生活，甚至有的人会将自己遭受过的委屈和不公，加害在无辜的人身上。而杨绛不是这样的。她无论遭受怎样的伤害，都始终能用温暖的文字给人带来光和暖。她把这种人性的温暖和光辉也舍予一只叫"小趋"的狗。应该感谢杨绛，是她用文字温情地抚慰了许多人的心。她教会我们，明明知道生活有多不堪，但依然要心怀善念，对它充满热情。

杨绛曾在她的文章中表达了自己善良的愿望：

夫妇两人都要一件隐身衣，各披一件，同出遨游。我们只求摆脱羁束，到处阅历，并不想为非作歹。

……消失于众人之中，如水珠包孕于海水之内，如细小的野花隐藏在草丛里，不求"勿忘我"，不求"赛牡丹"，安闲舒适，得其所哉。一个人不想攀高就不怕下跌，也不用倾轧排挤，可以保其天真，成其自然，潜心一志完成自己能做的事。

杨绛已经看清了生活的真相，但她选择依然热爱生活。为了守住本真，为了实现骨子里对读书与学习的热爱，她拼尽全力也要坚持自己的底线与原则，她背后的努力与付出必然数倍于常人，即便备受生活打击也矢志不渝！正因如此，杨绛才活出了一个令我们难以企及的人生高度！

杨绛的人生智慧

面对命运的捉弄，杨绛秉持的是这样的人生态度，她说："人生在世，冤屈总归是难免的，虽然是一番屈辱，却是好一番锤炼。"

面对人生的追求，她是这样认识的："一个人不想攀高就不怕下跌，也不用倾轧排挤，可以保其天真，成其自然，潜心一志完成自己能做的事。"

正是源于这种人生态度，杨绛才能够在厄运面前咽下委屈，不去攀附，洁身自好，且始终没有放弃高尚的精神追求，保持优雅的大家风范，做到淡定而从容。

Chapter 6

始终热爱：

一辈子很短，为自己热爱而活

　　唯有身处卑微的人，最有机缘看到世态人情的真相。一个人不想攀高就不怕下跌，也不用倾轧排挤，可以保其天真，成其自然，潜心一志完成自己能做的事。我正站在人生的边缘上，向后看看，也向前看看。向后看，我已经活了一辈子，人生一世，为的是什么呢？我要探索人生的价值。

——杨绛

《小癞子》：人生实苦，但仍要坚强地活着

杨绛上大学时的英文成绩很棒，因而很喜欢阅读原著外文小说，不过她从未想过要从事翻译工作。

杨绛的翻译生涯最早要追溯到清华读研时。有一次，钱锺书的老师叶公超请她到家里吃饭，饭后他拿出本英文刊物，让杨绛译出其中一篇政论《共产主义是不可避免的吗？》。当时杨绛心想："莫非叶先生是要考考钱锺书的未婚妻？"在此之前，杨绛英文虽棒，但从未学过翻译，既然老师提出要求了，她只得硬着头皮"应考"。

交稿时，叶公超却说"很好"，没多久就在《新月》杂志上刊登了。从此杨绛一发不可收拾，走上了翻译的道路。后来她翻译的47万字的法国小说《吉尔·布拉斯》，受到朱光潜的盛赞：我国散文（小说）翻译"杨绛最好"。

杨绛的兴趣除了翻译、创作文学作品，就是读书。有一回她偶然读到一本英译本的西班牙小说《托梅斯河上的小拉撒路》，书中对人性入木三分的描写，让杨绛感触很深，她想将这部经典翻译成中文，让更多的人从中汲取智慧。

《托梅斯河上的小拉撒路》是以主人公自述的方式展开，"我"10岁时就为生活所迫给一个走江湖的盲丐当引路童，并跟着

他学会了许多江湖上的勾当，学会了偷窃等。后来，又给一个吝啬的老教士当仆人，不久因为偷吃面包被赶走，接着又给一个绅士当仆人，但衣冠楚楚的绅士却要靠小癞子沿街乞讨来养活。此后他又先后换了好几个主人，最后在大祭司家当仆人，依靠妻子和大祭司的私情发了财，不久妻子死去，他又一贫如洗。小说语言幽默，对人物的刻画生动深刻。

"拉撒路"是《圣经》中的一个乞丐，也可以说是对无赖、流氓、流浪汉的泛称。可是原小说题目中的"拉撒路"这三个字，并不为中国人所了解，很显然没有什么市场，杨绛想了许久，决定干脆将书名翻译成"小癞子"，词义相同，也容易被国人接受，光看书名就能知道内容的大概。

杨绛用中国人习惯性的思维与语气，娓娓地讲述了这个令人沉思的故事。这个故事真实反映出中世纪西班牙的社会状况，主人公"小癞子"的形象俏皮生动，读者随着他的视角，窥视彼时西班牙最底层百姓的贫苦生活，体味着野草般卑微的底层小人物眼中的人间百味。

读后使人仿佛亲身领略着人世间种种艰苦，仿佛亲眼看到这个"小癞子"伺候一个又一个主人，在不容他生存的社会里到处流浪，挣扎着生存下去。

其实，在1840年鸦片战争后，中国的社会底层有很多像"小癞子"这样的人在苟活着，甚至他们还没有"小癞子"那样的好运，他们啃树皮吃草根，食不果腹，衣不遮体。可是，史书对他们的记载最多是"民不聊生"一笔带过。所以杨绛《小癞子》的翻译出版是具有一定社会意义的，她是为社会中那些卑微的小人物立传，能引起很多读者的共鸣。书中没有高贵的理想，只有平凡的现实，而卑贱的癞子代替了高贵的伟大人物，成为故事的主角，让人体会出在穷困低微的生活历程中，小癞子为求苟延残喘所散发出的不屈服于命运的生命情调。

译文俏皮幽默极为传神，画面感强，让小癞子这个人物更加活灵活现，读起来亦有行云流水的畅快感。当中译者序约占全书四分之一篇幅，同样值得认真阅读。序里杨绛先生引经据典娓娓道来，对西班牙流浪汉小说文学进行了透彻的研究分析，内容信息量颇为丰富，可见她工作态度的严谨细致。

《小癞子》翻译出版后，迅速成为畅销书，风靡一时。不过，尽管这部书广受欢迎，畅销多年，但杨绛仍觉得不满意。因为她最先用的是英译本，比起西班牙版本原文还是有所欠缺。所以，她又尝试着按照法文译本翻译了一遍，不过还是与西班牙原文存在差距。

为了真实再现小癞子的故事，杨绛决定自学西班牙文，对照原文翻译。学习一门语言不是一日之功，杨绛为了将小说翻译得尽善尽美，不惜花费代价。这种治学精神是十分令人敬佩的！有了这种精益求精的精神，还有什么学问做不好呢？不过，有付出必定也有收获，每一次学习都是一次自我提升。杨绛自学了西班牙文，不仅将小癞子的译文更贴近了原文，还翻译了皇皇巨著《唐·吉诃德》。

每学会一门语言，就是打开一个新世界，其中的美妙只有当事者自己懂得。杨绛因为懂得多国语言，热爱阅读文学作品，所以她才能够感受不同国度的风土人情，体会到各种不同的多彩人生，进而丰富了自己的精神世界。

《唐·吉诃德》：失而复得的骑士

　　杨绛被调到外文所后，在 1959 年打算将西班牙大作家塞万提斯的《唐·吉诃德》作为翻译的新起点。为了做好《唐·吉诃德》的翻译工作，在二十世纪六十年代初期，杨绛就制订了翻译的计划。她说："我是个死心眼儿，每次订了工作计划就一定要求落实。我订计划的时候精打细算，自以为很'留有余地'。"因为当时的政治运动多，工作计划常常被冲突，杨绛只好将时间分割成细碎的时段，一有机会就投入翻译工作。用杨绛自己的话说：

　　翻译工作又是没有弹性的，好比小工铺路，一小时铺多少平方米，欠一小时就欠多少平方米——除非胡乱塞责，那是另一回事。我如果精神好，我就超额多干；如果工作顺利，就是说，原文不太艰难，我也超额多干。超额的成果我留作"私蓄"，有亏欠可以弥补。攒些"私蓄"很吃力，四五天攒下的，开一个无聊的会就耗尽了。所以我老在早作晚息攒"私蓄"，要求工作能按计划完成。便在运动高潮、工作停顿的时候，我还偷工夫一点一滴地攒。《唐·吉诃德》的译稿，大部分由涓涓滴滴积聚而成。

杨绛在外文所一直是被边缘化的人，备受人冷落。所以，即便她把工作任务完成得又快又好，领导也不会肯定她的成绩，依然不重视她，很多同事还会对她冷言冷语，说她之所以能按时完成工作，是因为太闲，什么事都不管。为此钱瑗很为杨绛感到不值，因为只有家人才知道杨绛是怎样不分昼夜按计划完成工作的。

　　面对这样的冷遇和打击，杨绛心中自然也会感到委屈，但是做一件有意义的事不是给别人看的，而是为了自己精神上获得满足。如果一个人是为别人的眼光而活，那么这样的人生太沉重，不会有快乐可言。所以，尽管杨绛的工作得不到外人的肯定，但她也无所谓，因为她心中有自己的价值观。

　　《唐·吉诃德》原著第一、第二两部各有四册，共八册。到杨绛被打为"牛鬼蛇神"时，她已经译完第六册的一半。《唐·吉诃德》已译大半，眼看就要成稿，可是接下来发生的一件事，致使杨绛所有的心血差点付之东流。一次杨绛因长期被批斗导致精神萎靡，开会时笔误将"四个大跃进"写成"四个大妖精"而被造反派揪斗。造反派逼迫她交出黑稿子，就这样《唐·吉诃德》被划为黑稿子没收了。

　　那时写文章都是手工誊写，杨绛每次誊清了译稿，就把草稿扔了，然后在新稿上面再修改加工，因此，被没收的稿子是唯一的底稿。《唐·吉诃德》被没收后，杨绛曾寻机想给偷回来，但是被她同伙的"牛鬼蛇神"给举报了，所以计划流产。一个与杨绛同命运的"牛鬼蛇神"，杨绛原以为能和她感同身受，掩护她把稿子偷回来，没想到走到大门口被人家义正词严地给举报了。"文革"中，有的夫妻捏造事实互相举报，有的父子捏造事实互相举报，那个年代，有些人已彻底丧失了人性。

幸运的是，在杨绛被重新划归群众队伍时，那本《唐·吉诃德》的手稿找到了。当时是杨绛所在组的一位秘书亲自找回还给她的，因为他也认为这不是黑稿子。杨绛对他的感激无以言表，远远超过了她对许多人、许多事的恼怒和失望，她没想到落难的"唐·吉诃德"居然碰到这样一位扶危济困的骑士！

塞翁失马，焉知非福。在《唐·吉诃德》手稿被没收后，被耽搁的数年，反倒成了杨绛的"冷却"期。从"五七干校"回来之后，杨绛不满意旧译，又在原来的基础上从头译起，提高了"翻译度"，最后经过反复删减，"文革"结束前她抓紧工作，终于将七十多万字的小说译竣。

杨绛说："我翻译的时候，很少逐字逐句地翻，一般都要将几个甚至整段文句子拆散，然后根据原文的精神，按照汉语的习惯重新加以组织。"因此，杨绛译本的《唐·吉诃德》很接近原著意思，又因为她是按照汉语习惯翻译的文字，所以读起来很流畅。当然这样的译法非常费力，不如逐字逐句翻译轻松，因此她还说："我翻译很慢，平均每天也不过五百字左右。"由此可见，杨绛翻译时的严谨细致，可谓字字皆辛苦。

1978年，汉译本《唐·吉诃德》由人民文学出版社正式出版，从此填补了我国西班牙语文学翻译的空白。因此立即受到西班牙方面的高度评价，西班牙国王亲自向杨绛颁奖。在西班牙国王携王后出访中国时，国家领导人将这本《唐·吉诃德》作为国礼赠送给西班牙贵宾。这是我国文学翻译少有的殊荣，译者当之无愧。

《唐·吉诃德》是举世闻名的杰作，是在西方文学创作里，与

《哈姆雷特》《浮士德》并称的杰出典型。杨绛对这部作品的喜爱无以复加，译文从 1978 年问世以来，曾多次重版，每次她都要悉心校订，日臻完善，累计已发行六七十余万册。这本译著，被教育部列入中学生课外文学名著必读书目。所有的这些，都是对杨绛为翻译《唐·吉诃德》所付出的心血的回报。

　　看到今天的收获，过去曾经的一切付出都是值得的！

　　人在低谷时，只有受得住寂寞的苦，才能反弹出绝无仅有的高度！

《斐多》：穿越时空，与苏格拉底相遇

杨绛曾经说过："锺书逃走了，我也想逃走，但是能逃到哪里去呢？我压根儿不能逃，得留在人世间，打扫现场，尽我应尽的责任。"杨绛的责任便是留在人间，完成钱锺书未了的心愿。在她百岁时，她终于将钱锺书未能出版的学术论著，以及一些文章手稿，相继整理出版面世。此时的杨绛，觉得可以歇一口气了。她清楚地知道，她就要"回家"了，就要和钱锺书"见面"了。

在钱瑗和钱锺书去世后，杨绛一个人孤独地生活了近 20 年，在那些年中，她在文字中让钱锺书和女儿又活了一次。在觉得自己的生命之火将熄时，她想到了关于灵魂的问题，她在疑问，这个世界上有灵魂存在吗？如果说人死后没有灵魂，为什么她分明又感觉到钱锺书和钱瑗一直在她身边没有离开呢？屋子里有他们的气息，他们的气息在老旧的地板上，在沉重的书柜里，在泛黄的书页间……所以，杨绛的家一直没有装潢，屋子里的陈设还保持着钱锺书和钱瑗在世的样子。她怕装潢过后，屋子里的陈设变了，他们会找不到家……

杨绛坚信钱锺书和女儿在另一个世界等她，她即将与他们团聚了，等到将要临行时，杨绛才想到，自己该到哪里去找他们。

所以，她翻遍书柜，寻找能证明灵魂存在的书。她在书柜的一隅发现了柏拉图的《斐多》，于是她穿越千年时光和苏格拉底相遇了。

杨绛把柏拉图的《斐多》篇读了许多遍，书中的内容帮助她理解了生死的意义。为了让更多的人不困惑于此，她决定翻译这部作品。杨绛并不懂希腊文，也没有学过哲学，所以翻译这本书自然比较费力。可她却毫无畏惧，全身心地投入，因为对于杨绛来说，没有比寻找生命的意义更重要的事；或者说，她活着就是为了寻找生命的意义。

《斐多》篇是柏拉图的老师苏格拉底逝世之前说的一些话，主要说的是生死与不灭的灵魂。在苏格拉底看来，死亡就是灵魂和肉体的分离状态，死去的人是灵魂离开了肉体而单独存在着的。只要心中有爱，对方的灵魂就会时刻环绕在你身边，仿佛从来不曾离开过。我们不妨通过书中苏格拉底的话，来感受一下哲人的智慧：

苏格拉底说："可是我的朋友啊，有句话我们该牢记在心。假如灵魂不朽，我们该爱护它，不仅今生今世该爱护，永生永世都该爱护。……灵魂是不朽的。它不能逃避邪恶，也不能由其他任何方法得救，除非尽力改善自己，尽力寻求智慧。因为灵魂到另一个世界去的时候，除了自身的修养外，什么都带不走。据说，一个人死了，他的灵魂从这个世界到那个世界的路上，或是得福，或是受灾，和他那灵魂的修养大有关系。据他们说呀，一个人死了，专司守护他的神灵就把他的亡灵带到亡灵聚集的地方。他们经过审判，就有专门引导亡灵的神把他们送到另一个世界上去。他们得到了应得的报应，等到指定的时间，就另有专管接引他们回来的神灵经过了几个时代又把他们领回这个世界来。……守规矩、有智慧的灵魂跟随自己的领导，也知道自己的处境。可是我上面说的那种恋着自己肉体的灵魂就东闪西躲地赖在看得见的世界上，赖了好久，挣扎了好一阵，也受了不少罪，终于被专司引导的神强拉硬拽地拖着带走了。这种灵魂是不纯洁的，生前做过坏事，如谋害凶杀之类。它到了其他亡灵集合的地方，别的灵魂都鄙弃它，不屑和它做伴儿或带领它，它孤单地在昏暗迷惘中东走西转地摸索了一阵子，到头来就被押送到它该去的地方去了。可是有的灵魂生前是纯洁而又正派的，它有神灵陪伴，领导它到合适的地方去居住……"

起先，杨绛对自己翻译的作品并不满意。后来她忽然想起钱锺书曾经说过，西方古典书籍最好的版本是《勒布经典丛书》，于是就托人找到了勒布翻译的版本，对着书本修改了好几遍《斐多》篇。哲学原本就是一门深奥的学问，灵魂生死问题更是人类辩解了千年也没有统一答案的谜，再就是不同国家的语言习惯不同，所以翻译有误是在所难免的事。杨绛修改过的翻译文稿，不仅改掉了之前翻译的所有错误，还对作品有了更深刻的理解。杨绛自己在《斐多》的后记中，述说了翻译心得：

我不识古希腊文，对哲学也一无所知。但作为一名外国文学研究者，知道柏拉图对西洋文学有广泛而深远的影响，也知道

《斐多》是一篇绝妙好辞。我没有见到过这篇对话的中文翻译。我正试图做一件力不能及的事，投入全部心神而忘掉自己。所以我大胆转译这篇不易翻译的对话。我所有的参考书不多。我既不识古希腊文，讲解《斐多》原文的英文注释给我的帮助就不免大打折扣。可是很有趣，我译到一句怎么也解不通的英语，查看哈佛经典丛书版的英译，虽然通顺，却和我根据的英译文有距离；再查看注释版，才知道这是注释原文的专家们一致认为全篇最难解的难句。我依照注释者都同意的解译，再照译原文，就能译出通达的话来。我渐次发现所有的疑难句都是须注解的句子。由此推断，我根据的译文准是一字一句死盯着原文的。我是依照自己翻译的惯例，一句句死盯着原译文而力求通达流畅。苏格拉底和朋友们的谈论，该是随常的谈话而不是哲学论文或哲学座谈会上的讲稿，所以我尽量避免哲学术语，努力把这篇盛称有戏剧性的对话译成如实的对话……

杨绛翻译的《斐多》篇出版之后，读者们都称赞她充分还原了作品的文学价值和哲学价值。人们不仅赞赏她流畅的文笔，更为敬佩她意志的顽强。可以说《斐多》的出版，能帮助更多的人深刻思考人生价值的问题。为杨绛写序的德国友人莫宜佳教授在序言中写道：

柏拉图对话录之《斐多》篇的内容是哲人苏格拉底在就义的当日，与其门徒讨论正义和不朽，以及服毒而死的过程。在西方文化中，论影响之深远，几乎没有另一本著作能与《斐多》相比。

因信念而选择死亡，史上这是第一宗。

苏格拉底生在动荡的时代。伯罗奔尼撒的故事，令现存的价值观受到了怀疑。从业石匠的苏格拉底，在雅典的市集内牵引市民参与讨论：什么才是正确的思想和行为。他开创了一个崭新的方法，后世称为"接生法"：苏格拉底并不作长篇大论，而是提问，在往返之间令对方渐渐自缚于矛盾，而从困境中获得新见地。他在公元前399年在雅典受控被判死刑。从柏拉图对话录之《辩护》中，我们得知他的罪名是误导青年、颠倒是非黑白，以及否定希腊传统神祇的存在。事实上，恐怕嫉妒和毁谤才是他被控的主因。

苏格拉底本人不曾留下文献。可想而知，柏拉图对话录中苏格拉底所说的话，不尽出于其口，其中有不少应是柏拉图借老师的口说话。《理想国》内最脍炙人口的意志论即是其中一例。苏格拉底的风韵神态令门徒心仪，倒是显而易见的。而这种风韵和他的相貌无关，纯粹是灵魂的外发力量。从另一对话录《酒会》中可以得知，他又胖又矮、相貌奇丑、酒量惊人、充满反讽，而且能言善辩。

在《斐多》中，苏格拉底予人的印象最为活泼而深刻。如果他要苟且偷生，大可以逃往其他城邦，或答应从此保持沉默，不再到雅典街头与人论道。但他拒绝背叛他的信念。即在今日，他在就义前从容不惧，与门徒侃侃论道的情景仍令人惊叹向往。

苏格拉底一再呼唤他内在的"灵祇"，指引他正直的途径。我们可以说，在西方文化中，苏格拉底第一个发现了个人良知。对他来说，这个内在的声音并不限于个人，而是指向一个更高的层次，是人类共同的价值。哲学既是对智慧和正义的热爱，也是团结人类社群和宇宙的义理定律。由此观之，哲学是幸福快乐永不枯竭的源泉，因此能战胜死亡。

苏格拉底的审判和他最后时刻的描述，至今还是西方伦理学的基础。中国数千年的文化中，自然有不同的传统，但与西方文化也有很多相通之处。无论在西方还是中国，我们都应该感谢杨绛先生把《斐多》译成了中文。推动中西思想和意念的回合与交流，《斐多》实在是一本最适当的经典著作。

在莫宜佳教授的这段文字中，我们可以进一步理解杨绛翻译《斐多》的现实意义。杨绛不只是为了自己，也是为众生寻找到了幸福快乐永不枯竭的源泉——哲学是幸福快乐不会枯竭的源泉，因此也能战胜死亡。

《我们仨》：抵御岁月侵蚀的力量

　　《我们仨》是杨绛创作的散文集，首次出版于 2003 年 7 月。初读，就像听一位耄耋老人在娓娓讲那过去的故事，似一条平静的大河，再没有山涧溪流的欢欣跳跃，显得波澜不惊；再读，则觉得，这波澜不惊的下面是静水流深，让人别有一番滋味在心头。

　　杨绛曾经做了一个万里长梦，在这个万里长梦中，她一程又一程地送着钱锺书，直到有一天，钱锺书被一艘小船送向了远方。而她一生的杰作阿圆，也在这场万里长梦中回了自己的家。用钱锺书的话说，阿圆回的不是他们三里河的家，不是她婆家，而是阿圆她自己的家。从此以后，杨绛便孤零零地一个人活在这世上，久久地沉浸在这场万里长梦中，没有醒来。

　　可是她必须醒来。做短暂的休整后，她必须振作精神去打扫战场。

　　因为钱锺书还有遗愿未竟，阿圆还有遗作未完成。

　　钱瑗在病中说，她要写一本书，就写他们一家"我们仨"的故事。可是故事刚刚开了个头，钱瑗就走了。或许她是故意这样做的，她要把战场留给娘来打扫，这样她和爸爸就又能陪着娘重新活一回。

于是杨绛回到三里河曾经叫"家"的驿站，一个人思念"我们仨"……

杨绛在故事里说："我们三个失散了。往者不可留，逝者不可追；剩下的这个我，再也找不到他们了。我只能把我们一同生活的岁月，重温一遍，和他们再聚聚。"

故事的开始是从杨绛和钱锺书一起到牛津求学开始的。在那里，他们一起求学，一起外出"探险"，也一起完成了学业。在这过程中，杨绛还学会了做钱锺书最爱的红烧肉，钱锺书也学会了为杨绛做早餐，而且这一做便是一辈子……

在牛津，他们喜迎"圆圆头"降生，从此由"我们俩"开启"我们仨"的幸福生活。

钱瑗的出生让钱锺书欣喜万分，因为这个幼稚得像"弟弟"的爸爸，终于有了玩伴。他陪钱瑗一起看书，给她画各种各样的花脸，故意把玩具藏在她的被子里吓唬她……如果不是有杨绛这个做"娘"的管束，还不知道钱锺书会顽皮到什么程度。

一个左右脚不分，不会自己系鞋带，却会帮自家猫打架的男人，什么怪诞的事情做不出来呢？谁又能想到这样的一个生活的"低能"，却是个文学天才呢？钱锺书的价值只有杨绛懂！所以在上海的孤岛岁月里，杨绛甘心做"灶下婢"，成就了钱锺书享誉海内外的《围城》。

一个读书人最惬意的事是什么？莫过于有红袖添香，案头有喜欢的书可读，读到精彩处有懂的人分享。"赌书消得泼茶香"，钱锺书和杨绛便是这样的珠联璧合、伉俪情深。也正是如此，他们才能够在各种艰难困苦的环境下互相搀扶着，走过战乱，走过命运的多舛，最终收获人生的幸福。

因为有诗书，再枯燥的日子也是充实的；因为有爱人相伴，再艰苦的日子也是温馨的，况且他们还有一个心爱的女儿呢！

钱瑗有着像父亲一样聪明机智的头脑，有着像母亲一样温和善良的性格。她的聪明，表现在读书识字过目不忘，就连一向严苛的钱锺书的父亲都认为钱瑗是难得的读书种子；她的懂事，表现在病中强忍自己的欲望，她两三岁时因病必须控制饮食，却能隐忍着眼泪看一大家人在分享美食；她的善良，表现在对《苦儿流浪记》中苦儿的同情，将幼儿时读的苦儿一直记到成年……

钱瑗越是懂事越是让人心疼。"文革"中钱锺书和杨绛工资被停发，存款被冻结，钱瑗节衣缩食省下为数不多的工资和父母相依为命；她为父亲买他心爱的奶糖，为母亲缝制衣裳；还帮助了许多需要帮助的人……可她一生命运多舛，幼年体弱多病，青年丧失伴侣，中年生活辛苦，刚要大展拳脚却又英年早逝。这样的钱瑗，谁又能忍心欺负她？谁又能做到不心疼她？

在那十年的动荡岁月中，杨绛面对那么多次不公正对待，她甚至都没有为此流一滴泪，但是在女婿王德一自杀后，望着女儿孤独的身影，她流泪了。为了钱瑗不被人欺负，杨绛和钱锺书做了一件一生中都不愿意提及的事——杨绛冲出去与人吵架，斯文礼貌的钱锺书直接和对方动手……

然而，这件事却让人无法责备钱锺书，只是他自己觉得有辱斯文。

钱瑗聪明好学，做事认真勤奋，经常超负荷地工作，年纪轻轻就承担起单位的重要工作，工作量数倍于常人——修改学生毕业论文一丝不苟，做起学问精益求精，连骄傲的外国同事都敬佩她的治学精神。就连杨绛这样做事精细的人都觉得钱瑗太过于认真，劝她早点退休，给身体做一些调养。在后来的文字中，杨绛不无自豪地夸赞她是个"可造之才"。然而，她又隐忍着巨大的悲痛，惋惜钱瑗的早逝。一个可造之才，还没有来得及成材就陨落了，钱锺书和杨绛白发人送黑发人，这份伤痛要多久才能平复？

1997 年春，钱瑗去世；1998 年末，钱锺书去世。

在他们去世后，杨绛独自生活了 18 年。在这 18 年的岁月中，她独自居住在他们以前当作"家"的寓所。家里的陈设没有变，家里的装修没有变，一切都还是他们父女活着时的样子。杨绛知道，他们一直陪伴在她身边，不会让她孤独。他们就在家里的书柜前，就在家里的书桌边，就在她点点滴滴的文字里。因为有了他们，杨绛的文字才有了温度，平淡而不平凡。每一个读者都从杨绛看似平淡的文字里，读到了沉沉的爱、深深的思念，还有深刻的哲思和人格的光辉。

《我们仨》看似琐碎、平淡无奇的文字，却能让人读得泪流满面。正是"我们仨"曾经温暖的日子，给了杨绛抵御孤独的陪伴，也给了她抵御岁月侵蚀的力量。杨绛也没有辜负钱锺书临终对她说的那句——"好好活"，她确实做到了，钱锺书也可以含笑九泉了。

《我们仨》这本书是杨绛、钱锺书从相识、相知、相爱，到组建家庭的浓缩，这里有杨绛对钱锺书的甜蜜回忆，也有杨绛对"我们仨"幸福家庭的温馨留恋，当然还有杨绛隐忍生活不幸的种种心酸。这本书虽只有薄薄的一百多页，九万多字，承载的却是杨绛、钱锺书和钱瑗厚重的一生。

杨绛的人生智慧

每个人的生活都会面临低谷，重要的是如何处理低谷时的处境。有的人抱怨生活，有的人却坦然接受，利用低谷的际遇充实自己、提升自己。无疑，杨绛当属后者。

尽管那时她被迫失去了读书和写作的权力，但她仍能利用一切可以利用的机会学习——把书夹在杂志里趁没人的时候读，和同事私下里悄悄换着书读，扫厕所时把古诗词抄写在纸片上背……去接受不能改变的一切，去改变能够改变的一切，这便是杨绛的苦难哲学。

杨绛的经历给了我们启示：没有谁的成功是轻而易举的，所有光鲜的背后都是鲜为人知的努力和付出。

Chapter 7

朴素之心：

简单，才是最高境界

在这物欲横流的人世间，人生一世实在是够苦。你存心做一个与世无争的老实人吧，人家就利用你欺侮你。你稍有才德品貌，人家就嫉妒你排挤你。 你大度退让，人家就侵犯你损害你。你要不与人争，就得与世无求，同时还要维持实力准备斗争。你要和别人和平共处，就先得和他们周旋，还得准备随时吃亏。

——杨绛

爸爸的好"哥们儿"

　　钱瑗于 1937 年出生在英国牛津，她是杨绛和钱锺书唯一的女儿。她和所有的孩子一样，曾经给年轻的父母带来很多的快乐，而年轻的父母也从孩子的身上，得到很多美好的体验。

　　在钱瑗幼时，把她的肥嫩的小手小脚托在手上细看，骨骼造型竟然和钱锺书的手脚一样一样，杨绛觉得很惊奇。当钱锺书闻闻钱瑗的小脚丫，故意做出恶心呕吐的样儿时，她就会笑出声来。孩子的到来，让杨绛夫妇体会到了无与伦比的人伦快乐。

　　孩子擅于模仿，只是出生在不同家庭的孩子模仿的动作就不一样。杨绛和钱锺书酷爱阅读，所以钱瑗看到他们看书，就来抢他们的书。为此杨绛为钱瑗买一只高凳，买了一本大书——丁尼生（Aifred Tennyson）的全集给她看。这样的书字小书大，没人要，很便宜。于是钱瑗就坐在高凳里，前面摊一本大书，手里拿一支铅笔，学父母的样儿，一面看书一面在书上乱画。

　　钱锺书给他朋友司徒亚的信上形容女儿顽劣，杨绛说这地道是钱锺书的夸张。她说，其实女儿很乖。他们看书，她就安安静静自己一人画书玩。

　　杨绛和钱锺书留学回国后，曾一度小住在杨绛父亲身边。所以，当时只有三岁的钱瑗便成为外公身边的红人，是外公家的中心人物。杨绛的三姐姐、七妹妹经常带着孩子到她爸爸家聚会，大家都把钱瑗昵称作"圆圆头"。钱瑗小时候很惹人怜，因为她乖，说得通道理，还管得住自己。就在杨绛全家回国到上海的冬天（一九三八年），钱瑗出过疹子；一九三九年春天又得了痢疾，病后肠胃薄弱，一不小心就吃坏肚子。只要妈妈告诉她什么东西她不能吃，她就不吃。她能看着大家吃，一人乖乖地在旁边玩。

有一次，杨绛的阔学生送来大篓的白沙枇杷。白沙枇杷，入口消融，水又多，听着看着都会觉得好吃，可钱瑗从没吃过，因为杨绛不敢让她吃，只安排她一人在旁边玩。忽见她过来扯扯妈妈的衣角，眼边挂着滴小眼泪。吃的人都觉得惭愧了。谁能见了她那滴小眼泪不心疼她呢？

那时钱瑗已经能自己爬楼跟表姐一起玩了。杨绛三姐家孩子读《看图识字》，钱瑗就坐在对面看。后来杨绛看她这么羡慕，就也为她买了两册《看图识字》。有一天，杨绛大姐三姐和两个妹妹都在笑，叫她"快来看圆圆头念书"。她们让圆圆头把杨绛买的新书给她们念。结果钱瑗立即把书倒过来，从头念到底，一字不错。大家最初以为钱瑗是听熟了背的。后来忽然明白，钱瑗每天坐在她小表姐对面旁听，她认的全是颠倒的字。那时钱瑗整两岁半。

杨绛的爸爸不赞成太小的孩子识字，认为她识了颠倒的字，慢慢地自会忘记。但是杨绛的大姐姐认为应当纠正，特地买了一匣方块字教她。杨绛大姊最严，不许当着孩子的面称赞孩子。但是她自己教圆圆，就把自己的戒律忘了。她叫杨绛"来看圆圆头识字"。钱瑗走过去听大姨教了一遍，就走开了，并不重复读一遍。大姐姐完全忘了自己的戒律,对杨绛说:"她只看一眼就认识了,不用温习,全记得。"

杨绛家的用人阿菊丢了她母亲给的明信片,明信片上有阿菊母亲的地址。丢了明信片就找不到妈妈了,阿菊急得要哭。这时钱瑗在旁静静地说:"我好像看见过,让我想想。"——她背出了明信片上的地址,地名相当长。杨绛照这个地址寄了信,发现钱瑗记的果然一字不错。她那时八岁多。

钱瑗能认识很多字了,杨绛特为她选挑长的故事。一次杨绛买了一套三册《苦儿流浪记》。钱瑗才看了开头,就伤心痛哭。杨绛只好哄孩子说这是故事,到结尾苦儿便不流浪了。任杨绛怎么说也没用,只要钱瑗看到那三本书就痛哭。杨绛只好把书藏起来,为她另买新书。

多年后,钱瑗已是大学教授,却来告诉杨绛这个故事的原作者是谁,译者是谁,苦儿的流浪如何结束等等,她大概一直关怀着这个苦儿。由此说明,钱瑗是个极其善良的人。

钱瑗十分乖巧,但她和爸爸却是好朋友,好"哥们儿"。他们一起玩笑,一起淘气,一起吵闹。杨绛说,以前圆圆在拉斐德路乖得出奇,自从爸爸回来,就不乖了,和爸爸没大没小地玩闹,简直变了个样儿。

她那时虚岁五岁,实足年龄是四岁零两三个月。她向来只有人疼她,有人管她、教她,却从来没有一个一同淘气玩耍的伴儿。孩子需要一个可以一起淘气的玩伴,太过乖巧,则会失去童年的快乐。正常情况下,母亲对孩子的管束比较多,而父亲则宽松很多,所以教育专家呼吁父亲回归家庭陪伴孩子是有一定道理的。

钱锺书虽是个痴人，却是个好父亲，他给了女儿一个快乐的童年。钱瑗在去世前一两月，躺在病床上还在写《我们仨》，第一节就是"爸爸逗我玩"。钱瑗去世时，六十岁还欠两个多月。

1944年，谣传美军要对上海进行地毯式轰炸，于是杨绛全家跟随父亲回到了苏州老宅。因为战乱的原因，日子过得捉襟见肘。可是贫与病总是相连的，钱锺书在那段时期，每年生一场病。钱瑗学一个月，就休学几个月，小学共六年，她从未上足一个学期的课。胜利之后，一九四七年冬，她右手食指骨节肿大，查出是骨结核。当时还没有对症的药。这种病，中医称"流住"或"穿骨流住"，据医书："发在骨节或骨空处，难瘥。"大夫和杨绛谈病，钱瑗都听懂了，回家挂着一滴小眼泪对杨绛说："我要害死你们了。"一个只有几岁的孩子，没有因病情的痛苦跟大人哭闹，反而对父母心存愧疚，这孩子懂事得叫人心疼。好在，十个月后，钱瑗的病好了。

钱瑗上中学时每周末回家，从不肯把脏衣服和被单子带回家让阿姨洗，她学着自己洗。同学都说她不像独养女儿。这种乖孩子，当然会评上"三好学生"，老师就叫她回家和妈妈谈谈感想。杨绛问："哪三好？"因为她身体明明不好。她笑说："荣誉是党给的。"果然，她的身体毕竟不好，读了三个学期，大有旧病复发之嫌。幸亏她非常听话，听从大夫的建议，休学一年，从一九五三年春季休养到一九五四年春季。

钱锺书因为要翻译毛选，得住进城去了，临走时他不嘱咐杨绛照管孩子，却嘱咐钱瑗好好照管妈妈。可见，这父女俩不是一般的"铁哥们儿"。

有一回，家里的帮手李妈生病回家了。那天下大雪，傍晚钱瑗对杨绛说："妈妈，该撮煤了。煤球里的猫屎我都抠干净了。"钱瑗知道妈妈决不会让她撮煤，所以背地里一个人在雪地里先把白雪覆盖下的猫屎抠除干净，她知道妈妈怕触摸猫屎。

有一晚钱瑗有几分低烧，杨绛逼她早睡，她不敢违拗。可是她说："妈妈，你还要到温德家去听音乐呢。"温德先生常请学生听音乐，他总为杨绛留着最好的座位，挑选出她喜爱的唱片，杨绛因为不敢走夜路，每次都是钱瑗陪同去。杨绛为了让钱瑗休息，就安慰她说自己不害怕可以一个人去。钱瑗乖乖地上床躺下了，可是她没睡。她惦记着妈妈。

后来，钱锺书下放昌黎，钱瑗下放工厂炼钢。钱瑗到了工厂，跟一个八级工的师傅学技术。钱瑗学习认真，师傅非常欣赏这个好徒弟，带她处处参观。师傅常有创见，就要钱瑗按他的创见画图。钱瑗能画出精确的图，能按图做出模型，并灌注铁水。

自从钱瑗进了大学，校内活动多，不像在中学时期每个周末回家。炼钢之前，她所属的美工组往往忙得没工夫睡觉。一次她午后忽然回家，说："老师让我回家睡一觉，妈妈，我睡到四点半叫醒我。"于是倒头就睡。到了四点半，杨绛不忍叫醒她也不得不叫醒她，也不敢多问，怕耽搁时间。钱瑗就是这样的一个忘我学习工作的人，她后来的病情，跟她废寝忘食的工作习惯有很大关系。

当时，杨绛十分担心钱瑗大学毕业会被分配到外地，幸运的是钱瑗被留校当助教。对此，杨绛和钱锺书感到说不尽的称心满意。因为那个年代，毕业生得服从分配，而分配的工作是终身的。

一九七八年钱瑗取得了留学英国的奖学金。她原是俄语系教师。俄语教师改习英语的时候，她就转入了英语系。她对母亲说："妈妈，我考不取。人家都准备一学期了，我是因为有人临时放弃名额，才补上了我，附带条件是不能耽误教课。我没一点儿准备，能考上吗？"可是钱瑗竟然考取了，杨绛夫妇当然为女儿高兴。可是她出国一年，杨绛夫妇想念得好苦。一年后又增加一年，他们一方面愿意钱瑗能多留学一年，一方面得忍受离别的滋味。

一九八七年师大外语系与英国文化委员会合作建立中英英语教学项目（TEFL），钱瑗是建立这个项目的人，也是负责人。在一般学校里，外国专家往往是权威。一次师大英语系新聘的英国专家对钱瑗说，某门课他打算如此这般教。钱瑗说不行，她指示该怎么教。那位专家不服。据钱瑗形容："他一双碧蓝的眼睛骨碌碌地看着我，像猫。"钱瑗带他到图书室去，把他该参考的书一一拿给他看。这位专家想不到师大图书馆竟有这些高深的专著。学期终了，他到杨绛家来，对钱瑗说："Yuan, you worked me hard."他承认"得益不浅"。

钱瑗曾是教材评审委员会的审稿者。一次某校要找个认真的审稿者，校方把任务交给了钱瑗。她像猎狗般嗅出这篇论文是抄袭的。她两个指头，和钱锺书一模一样地摘着书页，稀里哗啦地翻书，也和钱锺书翻得一样快，一下子找出了抄袭的原文。

眼看着女儿在成长，有成就，杨绛和钱锺书心上得意。可是他们的"尖兵"每天超负荷地工作。据学校的评价，钱瑗的工作量是百分之二百，杨绛觉得还不止。她为了爱护学生，无限量地加重负担。例如学生的毕业论文，她常常改了又责令重做。为此，

143

杨绛常问她："能偷点儿懒吗？能别这么认真吗？"她总摇头。杨绛只能暗暗地在旁心疼。

可以说，钱瑗的病是累出来的，就在她生病的前一夕，她还在忘我地工作。

钱瑗的英年早逝是杨绛和钱锺书心头永远的痛。他们只有钱瑗一个女儿，钱瑗是他们的生平杰作。钱瑗是钱锺书认为的"可造之材"，是祖父钱基博心目中的"读书种子"。她上高中学背粪桶，大学下乡下厂，毕业后又下放四清，九蒸九焙，却始终只是一粒种子，只发了一点芽芽。做父母的，心上不能舒坦。可是，后来这棵嫩芽还没来得及长成参天大树，就病逝了。这对杨绛和钱锺书精神上的打击是不言而喻的。人生大不幸——晚年丧女，白发人送黑发人。

钱锺书于一九九四年夏住进医院。杨绛每天去看他，为他送饭，送菜，送汤汤水水。钱瑗于一九九五年冬住进医院，在西山脚下，杨绛每晚和她通电话，每星期去看她。但医院相见，只能匆匆一面。三人分居三处，杨绛就是一个联络员，经常为父女传递消息。

一九九七年早春，钱瑗去世。从此，那个叫"圆圆头"的孩子"回家"了，回她自己的"家"了。

痴人钱锺书

钱锺书小时候因英文好，当上了班长，但是只担任了两个星期就被罢了"官"，原因是他不会分辨左右，嘴里喊着的口号和脚下的动作不相符。除此而外，钱锺书穿套脖衣服前后不分，经常前后颠倒。

钱锺书小时候便过继给伯父，伯父是前清的秀才，兴趣十分广泛，于是他就成了钱锺书生命中第一位老师。伯父对钱锺书十分疼爱，他去世后，钱锺书因为怕父亲，从不向父亲要书本和纸笔钱。因为有伯父的疼爱，父亲的严格，所以钱锺书从小就打下了扎实的学识基础。

钱锺书小时候很淘气。下雨天，他不穿自己的鞋，喜欢穿伯父的钉鞋蹚水玩。鞋太大，他就在鞋头处塞些纸团。有一个雨天，钱锺书在上学路上看到许多小青蛙满地蹦跳，就脱了鞋，把捉来的小青蛙放在鞋里，光着脚抱着鞋去上学。到了教室，他把盛着小青蛙的钉鞋放在桌下。上课的时候，小青蛙从鞋里跳出来，满屋子蹦跳，惹得同学们窃窃地笑。课堂秩序被搅乱了，老师很是恼火，于是钱锺书被拎出来罚站。

还有一次，钱锺书上课玩弹弓，趁老师不备用小泥丸弹人。

中弹的同学痛得忍不住嚷出声来，钱锺书又被罚站了。

因为小时候的钱锺书"淘"，大人就哄骗他，说他是南瓜成的精被伯母抱回来的。当时的钱锺书虽然也怀疑是大人在哄他，但仍是有点担心。小时候的钱锺书就是这样"笨拙"、这样"淘"、这样混沌，而且被训了一点都不觉得羞惭。

一般人在长大成人后都会变懂事，可钱锺书一点没有改观。起先，杨绛并不知道他有多"拙手笨脚"，只晓得他不会打蝴蝶结，分不清左脚右脚，拿筷子只会像小孩儿那样一把抓。至于其他的，她并不知道他是怎样的笨，怎样的拙。其实，钱锺书不只是"笨"和"拙"，还很"顽""淘"和"恶作剧"，成了家之后，他也本性不改。

钱锺书初到牛津，就"吻"了牛津的地，被磕掉大半个门牙。他是一人出门的，下公共汽车未及站稳，车就开了。他脸朝地摔一大跤。这只是钱锺书初步展示他"笨拙"的一面，等两人对环境熟悉后，他便开始"淘"了。

有一天中午，钱锺书看着书就睡着了，但杨绛却一个人坚持临帖。写着写着，杨绛的困意也就上来了，于是就在躺椅上睡着了。一会儿钱锺书醒了，他看着酣睡中的杨绛，突然就恶搞起来——他用杨绛临帖的毛笔，饱蘸浓墨给杨绛画了个大花脸。

睡意蒙眬中的杨绛警觉到钱锺书正在自己脸上"干坏事"，惊得赶紧跑进洗手间去洗脸。可是，没想到杨绛的脸皮比宣纸还能吃墨，虽然洗净了墨痕，但娇嫩的脸皮像纸一样快被洗破了。此后，钱锺书再也不敢对杨绛恶作剧了。不过，钱锺书还是给杨绛画了一幅肖像，这幅肖像不是普通的肖像，而是给杨绛添上了眼镜和胡子。如此，钱锺书算是过了"恶搞"杨绛的瘾。若干年后钱锺书也被女儿钱瑗"恶搞"了一回，钱瑗画了一张钱锺书坐马桶的速写。

钱瑗那么乖巧的孩子会对父亲"恶搞"？这还得从钱锺书自己身上找原因，因为他经常"恶搞"女儿。

他们刚从国外回到上海的一年夏天，幼小的钱瑗正在午睡，钱锺书就借机在女儿的肚皮上画了一个大脸，当他还想在脸上"做文章"时，被杨绛训斥了一顿，才不敢画了。

钱锺书没事就逗女儿钱瑗玩，每晚临睡时，他会偷偷地在女儿的被窝里埋置"地雷"，把大大小小的各种玩具、镜子、刷子，甚至砚台或大把的毛笔都埋进去。等听到女儿的惊呼声，钱锺书就得意地大笑。因为钱锺书经常这样"恶搞"，以至于钱瑗每晚睡觉前，必定要小心地搜查一遍，把被窝里的东西一一取出来。

尽管这样，钱锺书却恨不得把扫帚、簸箕等等，都塞入女儿阿圆的被窝里，而博取一遭意外的胜利。这样的游戏钱锺书乐此不疲，即便在他八十多岁时还经常干这样的事儿。有一回他又在钱瑗房间里"恶搞"了，被钱瑗抓个正着，低眉垂手站在一边等着杨绛来"批判"。杨绛被他们父女俩逗得忍不住哈哈大笑。

不玩"埋地雷"时，钱锺书就开始"诓"女儿，说《围城》里有个丑孩子就是她。钱瑗信以为真，却无法计较。钱锺书写了一个开头的《百合心》里，有个女孩子穿着一件紫红毛衣，钱锺书告诉钱瑗，那个最讨厌的孩子就是她。

钱瑗怕她的"淘"爸爸真的会冤枉她，就每天找他的稿子偷看，钱锺书就把稿子每天换个地方藏起来。一个藏，一个找，成了捉迷藏式的游戏。到后来，杨绛整理稿件时，根本不知道稿子究竟藏到哪里去了。

钱锺书除了跟自家人"淘"，还帮自己的猫打架。

钱锺书和杨绛住在清华时，养过一只很聪明的猫。据杨绛讲述，小猫初次上树，不敢下来，钱锺书设法把它救下，小猫下来后，用爪子轻轻软软地在钱锺书腕上一搭，表示感谢。杨绛和钱锺书常爱引用西方谚语："地狱里尽是不知感激的人。"小猫能够感恩，钱锺书说它有灵性，特别宝贝。

小猫长大了，它跟别的猫一样喜欢夜间活动，因此半夜里它常和别的猫打架。钱锺书特别备了一枝长竹竿，不管多冷的天，只要听见猫儿叫闹，他就急忙从热被窝里出来，拿了竹竿出去帮自家的猫打架。当时，钱锺书家与林徽因家是邻居。钱锺书爱养猫，林徽因也爱养猫。林徽因家的那只小黑猫是她一家人"爱的焦点"，任它淘气也一味护着，没人舍得打一下。可这两家的猫偏偏是最爱争风头的"情敌"。

钱锺书如果看见自己的猫被林徽因家的猫欺负了，丝毫不客气，总要用竹竿教训"对手"。杨绛说怕钱锺书为了猫而伤了两家和气，就引用他自己的话说："打狗要看主人面，那么，打猫要看主妇面了！"（钱锺书小说《猫》的第一句），他笑说："理论总是不实践的人制定的。"

钱锺书的小说《围城》改为电视剧后，他一下子变成了名人。许多人慕名从远地来，要求一睹钱锺书的风采。他不愿做动物园里的稀奇怪兽，杨绛只好守住门为他挡客。他每天要收到许多不相识者的信。杨绛曾请教一位大作家对读者来信是否回复。据说大作家每天收到大量的信，根本不能一一回复。但钱锺书每天第一事是写回信，他称"还债"。他下笔快，一会儿就把"债"还"清"。这是他对来信者一个礼貌性的答谢。但是债总还不清：今天还了，明天又欠。这些信也会引起意外的麻烦。他并不求名，却躲不了名人的烦扰和烦恼。为此杨绛感慨：

> 嘤其鸣兮，求其友声，友声可远在千里之外，可远在数十百年之后，锺书是坐冷板凳的，他的学问也是冷门，他曾和我说：有名气就是多些不相知的人，我们希望有几个知己，不求有名有声。

杨绛说她一生最大的成就就是保护了钱锺书的"痴气"。

钱锺书是因为遇到了杨绛才得以保持自己的本色，如果他遇到的是另外一位女性，或许，钱锺书就不是后来的钱锺书了。

"世间好物不坚牢，彩云易散琉璃脆"，一九九八年岁末，痴人钱锺书去世了，杨绛和钱锺书就此失散了。就这么轻易地失散了。杨绛在《我们仨》中说道：

> 现在，只剩下了我一人。我清醒地看到以前当作"我们家"的寓所，只是旅途上的客栈而已。家在哪里，我不知道。我还在寻觅归途。

独自思念我们仨

　　一九九七年早春，钱瑗去世。在钱瑗去世前，她坐在病床上写着《我们仨》。可是，她还没有来得及完稿，就病逝了。此刻的钱锺书也躺在医院的病床上，他似乎知道了女儿的情况，嘱咐杨绛告诉女儿，要回"自己的家"，不是他们三里河的家，也不是她婆家，而是"自己的家"。

　　一九九八年岁末，钱锺书去世，杨绛就此和钱锺书、钱瑗失散了。留下她一人，在三里河的家独自思念"我们仨"。

　　杨绛克服巨大的悲痛，帮助钱瑗完成未了的心愿，她执笔《我们仨》，让钱瑗和钱锺书在文字里又活了一遍。

　　她述写钱瑗有多聪明有多乖巧，也述写了钱锺书有多"痴气"，有多"笨拙"，还写了钱锺书和女儿如何互相"恶搞"，作为裁判的她又是如何"调解"。他们仨的幸福就在寻常的生活点滴间。

　　杨绛写了他们仨的一个生活片段。一家三口经常下馆子吃饭，钱锺书和钱瑗总能点到好吃的菜，就好像进绸缎庄，他们总能买到最好的衣料。而杨绛呢，就仿佛是一个昏君，点的菜终归是不中吃的。钱锺书和钱瑗还有一项能力是杨绛所没有的。他们吃馆子不仅仅吃饭吃菜，还有一项别人所想不到的娱乐。杨绛在《我们仨》中是这样描述的：

锺书是近视眼，但耳朵特聪。阿瑗耳聪目明。在等待上菜的时候，我们在观察其他桌上的吃客。我听到的只是他们的一言半语，也不经心。锺书和阿瑗都能听到全文。我就能从他们连续的评论里，边听边看眼前的戏或故事。

"那边两个人是夫妻，在吵架……"

"跑来的这男人是夫妻吵架的题目——不就是两人都说了好多遍名字的人吗？……看他们的脸……"

"这一桌是请亲戚"——谁是主人，谁是主客，谁和谁是什么关系，谁又专爱说废话，他们都头头是道。

我们的菜一一上来，我们一面吃，一面看。吃完饭算账的时候，有的"戏"已经下场，有的还演得正热闹，还有新上场的。

我们吃馆子是连着看戏的。我们三人在一起，总有无穷的趣味。

杨绛的这段描述充满温馨和生活的情趣。这样的天伦之乐，无论到何时何地，都能给人克服困难和战胜孤独的勇气。在钱瑗和钱锺书去世后，杨绛独自生活了近二十年，这二十年中杨绛就是用这曾经的温暖延续自己的生命的。

她在回忆中说：

我们仨，却不止三人。每个人摇身一变，可变成好几个人。例如阿瑗小时才五六岁的时候，我三姐就说："你们一家呀，圆圆头最大，锺书最小。"我的姐姐妹妹都认为三姐说得对。阿瑗长大了，会照顾我，像姐姐；会陪我，像妹妹；会管我，像妈妈。阿瑗常说："我和爸爸最'哥们'，我们是妈妈的两个顽童，爸爸还不配做我的哥哥，只配做弟弟。"我又变为最大的。锺书是我们的老师。我和阿瑗都是好学生，虽然近在咫尺，我们如有问题，问一声就能解决，可是我们决不打扰他，我们都勤查字典，到无法自己解决才发问。他可高大了。但是他穿衣吃饭，都需我们母女把他当孩子般照顾，他又很弱小。

　　幸福的家庭都是相似的，而不幸的家庭各有各的不幸。看到杨绛描写的这一幕，很多人会有认同感。一个幸福的家庭里，必然有个管事的妈妈，一个童心未泯的爸爸，还有个天真可爱的孩子。他们会一起淘气，一起让妈妈操心，就像杨绛说的那样，"他们两个会联成一帮向我造反"。在杨绛出国期间，钱锺书和女儿连床都不铺，预知杨绛要回来后，赶忙整理。还会在杨绛回家后，故意在她面前嘀咕："狗窠真舒服。"

　　钱锺书和女儿父女连心，他们连习性都很相近，有时他们引经据典的淘气话，杨绛一时拐不过弯，父女俩就会得意地说："妈妈有点笨哦！"有时杨绛也会和女儿联成帮，"嘲笑"爸爸是色盲，只识得红、绿、黑、白四种颜色；会取笑爸爸的种种笨拙。也有时杨绛和钱锺书会联成一帮，说女儿是学究，是笨蛋，是傻瓜。总之，这个家庭中总是不乏笑声的。

　　杨绛三里河的家盛满了一家人的笑声。少了一个，这个屋子里的笑声就会不复存在。越是美好的东西，越是容易失去，因为，上帝也会嫉妒。

钱瑗住院了，杨绛只以为她是累了，休整一下便可。倒是钱锺书病了，杨绛担心会成永别，毕竟，钱锺书已是耄耋之年。

　　杨绛很害怕三里河家里的笑声会从此失去。

　　她做了一个梦，梦中怪钱锺书一声不响地忽然走了，于是钱锺书就记住了她的这个梦。为了让杨绛不怪他，他就故意慢慢地走，让她一程一程地送，尽量多聚聚，把一个小梦拉成一个"万里长梦"。在梦里，钱瑗回"自己的家"了。杨绛孤独地一程又一程送钱锺书，从杨柳变成嫩绿的长条，又渐渐黄落，再变成光秃秃的寒柳。

　　再长的梦也会醒，再远的路也有尽头。钱锺书终究要向杨绛告别了，他知道三里河的家没有了他和钱瑗的笑声，杨绛会很孤独。但是，他对杨绛说："绛，好好里（即'好生过'）。"

　　钱瑗的逝去让杨绛的心戳满了窟窿，钱锺书的离去，让她顿觉魂已不在身。她累了，她实在不想动了，她想变成一块石头，守望已看不见的小船——那小船已载着钱锺书消失不见了。可是钱锺书告诉他要好好活，她得留下来打扫战场，完成钱锺书未能完成的事业。

　　那个满载着钱瑗和钱锺书笑声的三里河的家，随着他们父女的逝去已不复为家了，只能是杨绛临时栖身的客栈。她知道，打扫完战场后，她也要离开客栈寻找钱锺书和钱瑗去了。但是在临别之前，她得在三里河的家，用他们的"笑声"取暖，延续自己的生命之火。

平地起波澜

百岁后的杨绛一直在三里河的家过着恬淡平静的生活，很少露面。然而，在2013年，一场突如其来的事，打破了杨绛平静的生活。

据5月21日《光明日报》报道：110件钱锺书、杨绛、钱瑗书信及手稿首次曝光，内容既有钱锺书、杨绛关于稿件出版的种种细节，又有钱锺书对于事件的看法、对于他人评价的直抒胸臆的表达，因而真实反映了钱锺书性情、情趣及其为学做人，是解读钱氏之学的宝贵资料，这些书信、手稿将于6月22日在北京万豪酒店上拍卖。

据说，6月22日拍卖的，包括钱锺书用钢笔写的3207页《也是集》手稿，杨绛的6页《干校六记》校勘，60份钱锺书毛笔书信，8件钱锺书钢笔及圆珠笔书信，12封杨绛钢笔书信，6封钱瑗钢笔书信等。

操办这次拍卖活动的人是中贸圣佳国际拍卖有限公司负责人胡兰杰，据他介绍：此批钱氏信札内容丰富，装裱完好，均未曾公布。这些书信大多是钱氏一家人与香港《广角镜》杂志社总编辑李国强的书信往来。

李国强于 1979 年至 1998 年期间，在《广角镜》月刊工作并担任总编辑。因邀请钱锺书撰稿，两人于 1979 年相识；他帮钱锺书、杨绛出版了《干校六记》（1981 年）、《也是集》（1984 年）；此后，钱锺书又托李国强用稿费买西方书籍，因此通信频繁，一直到钱瑗病逝、钱锺书病重，从没有中断过。

有钱学专家在见过这批手稿后表示，其中最有价值的是钱锺书书信部分，内容简短精练，言辞恳切又不乏钱氏的诙谐、幽默、戏谑。但是由于这些信札关涉个人隐私，一旦内容公开，必将引起杨绛的强烈不满。

5 月 20 日，102 岁的杨绛在家中得知拍卖消息，吃惊之余，她立即电话给远在香港的收藏人李国强，表示："我当初给你书稿，只是留作纪念。通信往来是私人之间的事，你为什么要把它们会开？""这件事情非常不妥，你为什么要这样做？请给我一个答复。"

杨绛的问话，已对李国强的做法表示出强烈的不满！可李国强的回答让杨绛大感失望。他回应杨绛说："这件事情不是我做的，是我朋友做的。"他承诺要给杨绛一封书面答复。当记者联系 67 岁的李国强时，他表示对拍卖信札的事无可奉告。而拍卖公司则回应说"本意是出于对钱锺书和杨绛的尊重，书信及手稿具有非常重要的文献价值和文学研究价值"，"研讨会和拍卖时间将提前"。

这个答复让百岁的杨绛甚感愤慨！本应颐养天年的年纪，却平地起了这样大的波澜。这个波澜，必须要阻止！于是 26 日，杨绛通过《新民晚报》《光明日报》等九家媒体发布公开信表示：坚决反对钱锺书及其本人与女儿的私人书信被拍卖，如果拍卖举行，她将诉诸法律，维护自己和家人的合法权利。公开信全文如下：

近来传出某公司很快要拍卖钱锺书、我以及钱瑗私人书信一事，媒体和朋友很关心我，纷纷询问，我以为有必要表明态度，现郑重声明如下：

一、此事让我很受伤害，极为震惊。我不明白，完全是朋友之间的私人书信，本是最为私密的个人交往，怎么可以公开拍卖？个人隐私、人与人之间的信赖、多年的感情，都可以成为商品去交易吗？年逾百岁的我，思想上完全无法接受。

二、对于我们私人书信被拍卖一事，在此明确表态，我坚决反对！希望有关人士和拍卖公司尊重法律，尊重他人权利，立即停止侵权，不得举行有关研讨会和拍卖，否则我会亲自走向法庭，维护自己和家人的合法权。

现代社会大讲法治，但法治不是口号，我希望有关部门切实履行职责，维护公民的"通信自由和通信秘密"这一基本人权。我作为普通公民，对公民良心、社会正义和国家法治，充满期待！

然而，一波未平一波又起，就在这件事未了时，北京保利国际拍卖有限公司也宣布要拍卖钱锺书和杨绛的三封私人书信手稿。北京保利官网已标上了拍卖的价格。

到6月2日杨绛才获知信息，她连忙发表紧急声明，反对北京保利6月3日上午拍卖钱锺书和她的书信。声明指出：

我于 5 月 26 日曾经发表声明，强烈反对北京中贸圣佳国际拍卖有限公司（下称北京中贸圣佳）拍卖我们一家的信件。随后，中国国家版权局、中国作家协会主席铁凝女士、中国作家协会作家权益保障委员会、中国拍卖行业协会以及法学界、文学界权威人士等都发表意见，呼吁有关拍卖公司和个人尊重书信人的著作权、隐私权、通讯秘密权和人格尊严，立即停止有关拍卖和相关宣传活动，我也已经采取了法律行动，保护我们的合法权道。

　　其实，这场拍卖之所以令百岁的杨绛如此发怒与"较真"，原因是出在那些信札内容上，跟拍卖金额的多少无关。她主要是担心私信的内容被别人误读和利用，使"一束矛盾"（钱的自嘲语）的钱锺书形象凸显了出来，让钱锺书的公众形象受到质疑；还有便是她担心会引起很多不必要的麻烦。杨绛夫妇在新中国成立后经历了几次政治运动，受到过伤害，深切体会到人心的可怕。所以他们一家人曾数十年如一日地躲在自家小天地里，躲瘟疫一般谢绝各色人等的滋扰，除却二三知己，他们不愿向公众敞开自己的私人空间。

　　时代不同了，现代社会网络发达了，为了赚钱各种炒作都有。杨绛担心钱锺书的手稿会被有心人拿去炒作。例如，钱锺书的世故、客套，在他的私信中一览无余，在已公布发表的信中早已不是秘密。有评论家就认为，钱锺书"写信太捧人了，客气得一塌糊涂"。

　　其实，这是从旧式家庭过来的文人固有的特征。因为，旧社会特别注重繁文缛节，越是文化人家礼数越多。钱锺书伯父是前清秀才，他从小由伯父教养大，能不受伯父影响吗？再者，钱锺书的礼貌体现的是一个人的修养，他越是待人礼貌尊重，越说明他灵魂的高贵。

当然，或许有人会说，钱锺书"狂"，臧否人时口无遮拦，这与他待人"过于客气"似乎格格不入。实际上，钱锺书臧否人时口无遮拦，只是学术上的见解不同，正如北宋文坛那样，大家在朝堂之上可以争得面红耳赤，但私下里交情深厚彼此敬佩。钱锺书的这种表现，正是文人率真的表现，并非真的老于世故，而真正老于世故的人，绝不会像钱锺书这样"痴"。

让杨绛始料未及的是，人不能出名，一旦出名就会有各种"幺蛾子"事等着你。现在网络上几乎天天有明星、名人被八卦，有的名人为了利益，甚至把曾经的恋人的隐私对话拿到网上晒。孰是孰非，一时难辨真假，但让人不由得对晒对方隐私的人的人品也产生怀疑。

因而，杨绛的担忧是情有可原的。当钱家掌故由杨绛亲自叙述时，其内容处于一种可控状态，读者只能读到杨绛愿意分享的内容；若执笔者为未获授权的其他人，对钱、杨故事的叙述就处于不可控状态，读者读到的故事，谁知是否被歪曲篡改过呢？而现在，忽然将钱、杨那些当年并未意识到日后会进入公众视野的书信，以拍卖形式公开，杨绛自然会因其不可控性而不快，甚至愤怒。

还是文学评论家周泽雄说得比较中肯，他说："我理解并敬重钱锺书、杨绛二位先生珍爱羽毛、洁身自好之念，但又不得不说，读者希望通过更多途径来加深对钱、杨学术的理解，也情有可原，即使某些手稿内容会'不可控'地沦为八卦谈资，亦无损其合理性。这一切的前提是，其中不存在法律上的障碍。"

不过，这场持续将近一年的书信手稿拍卖案，最终是杨绛取得了完胜。难以想象的是，看似柔弱的杨绛，在 102 岁年纪，仍能坚持原则，投身到这场官司中，不屈不挠，表现出铮铮硬骨的一面。没有妥协，没有懦弱，有的只是刚强。

杨绛的人生智慧

　　每个人生来孤独，没有谁会从头至尾陪着你走完一生。所谓的亲人，不过是在叫作人生的驿站里，陪你走一程的人。在生离死别的日子里，杨绛一程又一程地送着钱锺书，尽可能地多聚一聚，多看一看，然而理智告诉她不能陪他一起走，因为她还要留下来完成钱锺书未竟的事业。

　　人生的意义在于沿途的风景，那么在没有亲人的孤独的日子里又该怎么过？在以后的近二十年光阴里，杨绛用她的人生经历告诉了我们——做有意义的事，让生命丰盈饱满，不负韶华，不负仅有一次的生命！

Chapter 8

沉淀自己：

坚守岁月，用一辈子来回答

我今年一百岁，已经走到了人生的边缘，我无法确知自己还能往前走多远，寿命是不由自主的，但我很清楚我快"回家"了。我得洗净这一百年沾染的污秽回家。我没有"登泰山而小天下"之感，只在自己的小天地里过平静的生活。细想至此，我心静如水，我该平和地迎接每一天，过好每一天，准备回家。

——杨绛

用最后的生命之火照亮他们的梦

　　杨绛性情类她的母亲，温柔而又平和，这样性格的人容易相处，所以杨绛结交了很多朋友，也一直和朋友们保持着亲密的友谊。

　　钱瑗和钱锺书的去世，让杨绛精神一度恍惚，她几乎要追随钱锺书而去。一个年近九旬的老人，同时失去了独生女儿和老伴，留她孤独一人在世，给人一种说不出的凄凉。杨绛为了排遣内心的悲痛，忘我地投入了工作中。但是，精神的打击和体力的消耗，都不允许她做长时间的工作。

　　杨绛的好友，在德国担任教授的莫宜佳，千里迢迢来中国探望她。莫宜佳深深地明白，杨绛所做的一切都是在掩盖自己内心的忧伤，忧伤不止，工作便不会停。出于友情，也是出于同情，莫宜佳主动提出帮助杨绛分担些工作。在莫宜佳的帮助下，杨绛的情绪渐渐缓了过来。她听从劝告去大连休养了一年，然后开始把工作重心转移到整理钱锺书的中文和外文笔记、读书心得上。这些笔记、读书心得从 20 世纪 30 年代开始记录，直到 90 年代，大多数都是手写的，杨绛精心整理后，分出三种。

　　第一种是外文笔记，有将近 200 册笔记本，还有不少打印稿，加起来总共有 34000 多页，包括英文、法文、德文、意大利文、拉丁文等多种文字；第二种是中文笔记，这些笔记都是钱锺书写的评论，与外文笔记数量差不多，只是有些笔记在各种政治运动中丢失了，剩下的内容混乱且破碎，整理起来很费时间；第三种是日札，这些都是钱锺书的读书心得，比读书笔记要少一些，有23册，总共2000多页，有中文也有外文。

这些笔记与心得，曾经陪着钱锺书游学海外，也曾陪着他走过"文革"，还同他搬过几次家。所装的工具有铁箱、木箱、纸箱以及麻袋、枕套等，经历了很多艰难，所以纸张磨损很严重。再加上时间过长，有的纸张已经发黄变脆，字迹也变得模糊不清，几乎无法辨认。杨绛却没有因此而放弃，对她来说，这些纸上的每一个字，甚至每一个标点符号，都能引起她对钱锺书的思念。

以前，钱锺书在读书时总喜欢把书中最精彩的地方分享给杨绛，所以这些东西的存在，能让钱锺书的气息萦绕在杨绛的身边。读着钱锺书的这些笔记，杨绛就会回忆起他们曾经的幸福和温馨。这不只是钱锺书留给世界的宝贵财产，也是他留给杨绛的精神财产。

杨绛曾提出建议，说要把钱锺书在运动中受到损坏的读书笔记修补好，这些笔记是钱锺书用整个人生积攒的"财宝"，对后世读书人有着重大的文献意义。所以，杨绛决定将这些笔记重新整理一遍，哪怕为此倾尽自己的余生，也要让更多的人能从中获益。

在进行整理工作时，杨绛十分谨慎，她小心翼翼地揭开脆薄的纸，在中间夹上纸条，然后根据纸条来清点数量，将近七万张的手稿，杨绛一张一张地整理过去。

整理好笔记之后，杨绛最大的心愿就是能将其出版，可是想要出版数量这么大的手稿，需要很大的资金投入。这让杨绛犯难了。是呀，杨绛懂得钱锺书的价值，那是不是别的人也像她一样认可钱锺书的价值呢？这是个未知数。尽管这些手稿有很大的学术价值，但真正懂的人却很少很少。宝珠在识珠的眼中很珍贵，但在寻常人的眼中，可能形同鱼眼。好在，最终商务印书馆愿意投入三百万元将手稿出版，并完全保留钱锺书手稿的原貌，这让杨绛的内心充满感激。

经过3年多整理，48册《钱锺书手稿集·外文笔记》由商务印书馆影印出版。2016年3月24日，该书出版座谈会在北京举行，责任编辑陈洁感慨："实现了杨绛先生的一个梦。"

钱锺书《外文笔记》于2014年5月先期推出第一辑之后的18个月中，商务印书馆和莫宜佳夫妇齐心协力，每隔几个月就有一套问世，然后送到杨绛手中。她每次都早早坐在客厅里等候，喜悦急切之情溢于言表。

杨绛将钱锺书的《外文笔记》和《中文笔记》皇皇72卷巨制码放到柜子上，旁边还摆着钱锺书和女儿钱瑗的照片。这是钱锺书一生的心血，也是钱锺书一生的成就，最终的心愿由杨绛来帮他完成，他若泉下有知怎能不高兴呢？

"他准是又高兴，又得意，又惭愧，又感激。"杨绛说，"我是他的老伴儿，能体会他的心意。"

然而钱锺书还有一个夙愿没能完成，这让杨绛感到万分遗憾。他曾计划用英文写部探讨国外文学的著作，写作的理念和素材都已经准备好。但是，连续不断的政治运动让他无法腾出时间写，也不能写，等到政治运动结束，他还没来得及动笔，疾病就来了，直到去世都没能完成这个心愿。这是钱锺书的遗憾，也是杨绛的遗憾，更是后来的很多的读书人的遗憾。

可是世间哪有那么多完美呀，这个世界原本就是残缺的。

杨绛不光整理出版了钱锺书的遗稿，她还是个颇有文化担当的人。她将钱锺书父子珍藏的《复堂师友手札菁华》整理好，和钱锺书的作品一并出版。2015年5月14日，人民文学出版社在清华大学举办了"晚清名流手札钱氏百年珍藏钱锺书、杨绛藏《复堂师友手札菁华》出版座谈会"，历经十年整理、影印，由钱锺书的父亲钱基博收藏的《复堂师友手札菁华》，首次展现在世人面前。

《复堂师友手札菁华》是晚清著名学者、词人谭献的师友书信集。这些信札涉及百多人，大多是谭献中晚年所交之友，如戴望、许增、陈炳等。钱基博、钱锺书父子收藏的《复堂师友手札菁华》，无论在数量上，还是质量上，都是目前所知的、体量最大的谭献师友书信集。这些信札，对了解晚清社会历史、文化生活，以及学人交游、学术品评，有着非常重要的参考价值。

在《复堂师友手札菁华》收藏过程中，钱氏父子两代学人的学养风范令人赞叹，而杨绛对文化的传承和珍视，也是令人钦佩的。

亲人离开快二十年了，杨绛在耄耋之年留下来独自打扫战场。整理那么多残破的样本，得付出多少毅力和耐心啊，连钱锺书自己都说没有用了的笔记，杨绛愣是凭着她的倔强和坚忍，一点一点地实现亲人未了的心愿，也为世上的读书人留下一个又一个文化瑰宝。

经过不同程度的锻炼，就获得不同程度的修养

　　钱锺书说，他一辈子没有什么大志向，只想做点学问。古人说，学而优则仕，但钱锺书却不愿意。杨绛和钱锺书志趣相投，他们都不愿意投身政治，唯一感兴趣的就是读书。对于一般人最难抗拒的名利诱惑，钱锺书和杨绛也是置若罔闻。钱锺书一贯淡泊明志，不喜名利，不爱钱财。很多不了解他的人认为他太"迂"，书生气太重。可是他和杨绛却不以为然，他们与世无争，生活在自己的世界里觉得很自在。

　　改革开放进入新时期后，钱锺书作为中国代表团成员走出国门。他渊博的学识和幽默的谈吐，惊艳四座，不少国家的学者对他推崇备至，一些知名大学纷纷向他伸出橄榄枝邀他去讲学，母校牛津大学也高薪邀请他，均被拒绝。1979年，钱锺书到美国、法国等国家进行学术访问，海外媒体对此进行大肆渲染。他在给好友黄裳的信中颇不以为然，他说：

　　弟无学可讲，可讲非学。彼邦上庠坚邀，亦皆婉拒。报章渲染，当以疑古之道疑今……又君美才，通函以少作相询，弟老无所成，壮已多悔。于贾宝玉所谓"小时干的营生"，讳莫如深。

20 世纪 80 年代，美国普林斯顿大学邀请钱锺书前往讲学，时间为半年，报酬是 16 万美金（当时约 140 万元人民币），包括交通、餐饮费，也可携带夫人，半月讲学一次，一次 40 分钟。这对于寻常人来说，无疑是天上掉馅饼了，半年合计也不过八小时左右的课，却能获得百万薪水。然而，对于钱锺书来说，他需要的不是金钱，而是学术上的追求。所以，金钱的诱惑压根儿无法与他对学问的严肃性匹敌。钱锺书的回答是："你们研究生的论文我都看过了，就这种水平，我去讲课，他们听得懂吗？"

　　普林斯顿大学是美国著名的常青藤大学联盟之一，是世界顶尖学府，那里培养了许许多多诺贝尔奖获得者。所以钱锺书这番话说出来，有人说他"狂"。钱锺书自己说："人谓我狂，我实狷者。"狷者，有所不为也。

　　除此而外，钱锺书天分、才学过人，加上天性淘气，因此臧否人事中难免显示他的优胜处。曾有人撰文感叹"钱锺书瞧得起谁啊！"对此，杨绛解释道说："钱锺书只是博学，自信，并不骄傲，我为什么非要承认他骄傲不可呢？"

　　其实仔细分析一下，就会发现钱锺书的说法是有一定道理的，普林斯顿大学在自然学科的成就全球领先，但不代表对中国文学的研究成果也高。再者，20 世纪 80 年代，中国刚刚从"文革"中走出，生产建设才恢复不久，国力还很弱，所以学习中文的美国人能有多少呢？因此，钱锺书吐槽他们的论文水平低，也是情有可原的，并非他狂傲。不过，这倒也说明了，钱锺书绝不会为金钱折腰；同时也说明了，钱锺书有拒绝普林斯顿大学的实力。

新中国成立前曾任故宫博物院领导的徐森玉老人曾说："如默存者，二百年三百年一见。"美国哈佛大学英美文学与比较文学教授哈里·莱文（Harry Levin）是享誉西方学坛的名家，他著作等身，追随者无数，莱文的高傲也是有名的，对慕名选他课的学生，他挑剔、拒绝，理由是"你已有幸选过我一门课啦，应当让让别人……"。

就是这样一位高傲的学者，与钱锺书会谈后，失落地对自己冒出一句"我自惭形秽"。陪同他的朱虹女士觉得很奇怪，就问他为什么。他说："我所知道的一切，他都在行。可是他还有一个世界，而那个世界我一无所知。"

连莱文这样骄傲的学者都觉得钱锺书还有一个世界，自己对其一无所知。那么钱锺书是怎么做到的呢？从杨绛说的一个细节似乎可以找到事情的真相：

钱锺书一生做学问，生平最大的乐趣是读书，可谓"嗜书如命"。不论处何等境遇，无时无刻不抓紧时间读书，乐在其中。无书可读时，字典也啃，我家一部硕大的《韦伯斯特氏（Webster）大辞典》，被他逐字精读细啃不止一遍，空白处都填满他密密麻麻写下的字※：版本对照考证，批评比较，等等。他读书多，记性又好，他的旁征博引、中西贯通、文白圆融，大多源由于此。

面对外界对他们夫妻的高度赞誉，杨绛和钱锺书是泰然处之，一笑置之。钱锺书生前曾明确表态："我不进现代文学馆。"杨绛亦"夫在前，妻在后"地紧随，这在现当代文坛并不多见。这只能这样解释：他们是真正的学问追求者，真正的文化践行者，名利与他们无关。

杨绛曾译十九世纪英国诗人蓝德（W.S.LANDOR）的诗，并题于其散文集的扉页：

我双手烤着生命之火取暖；

火萎了，

我也准备走了。

翻译家朱虹评价：杨绛那双手，是西谚所云"带着丝绸手套的铁手"，其筋骨与蕴涵，后人如何说得！

若有诗书心中藏，岁月从不败美人

"杨绛在三里河南沙沟的家四室一厅，家里的陈设非常简朴，没有豪华装饰和家具，地面是光光的黄木地板，没有铺设地毯。门左边有一间二十多平方米的房间，这是兼作书房的会客室，屋里只有五个中型书架并排着，给人一种坐拥书城的感觉。清净的空间，体现了主人不尚繁华的气质。"这是采访杨绛的传记作家罗银盛所见所闻。

"文革"期间，杨绛一家曾经住过办公室。后来，在胡乔木的关心下，他们才得以搬进了这栋老式的多层红楼。这栋楼，若在几十年前，质量算是相当好的，主要分配给领导干部和各界名人，可放在几十年后的今天来看，无论是建筑材料，还是房间设计都显得"落伍"了。

整栋楼远远望过去，只有杨绛家没有封阳台。她不愿意封阳台，她愿意在傍晚时分坐在阳台上，感受自然的风和光。再就是杨绛的家没有装修过，仍保持着"老模老样""原汁原味"。杨绛不愿意装修原因有二：一是，她年事已高，家中没有人操心装修的事；二是，钱瑗和钱锺书走了，她担心装修后，家里的陈设变了，钱瑗和钱锺书找不到家。对于杨绛来说，她不愿意装修的原

170

170

因，更多是源于后者。

杨绛家的客厅与书房合二为一，没有太多的陈设，主要空间都被书柜和书桌占据着，两张老式的单人沙发挤在一旁，权且待客。

客厅里最显眼的是墙上挂的七言条联，上联"二分流水三分竹"，下联"九日春阴一日晴"。这是主人的乡贤、清代金石学家吴大澂的篆书。吴大澂的篆书很有名，小篆与金文融为一体，古拙洗练，工整精绝。壁悬名联，室内顿生高雅之气。另一个显眼的是，杨绛的书柜上还摆着钱锺书的照片。

但凡走进杨绛和钱锺书家里的人，都觉得满屋书香。

若有诗书心中藏，岁月从不败美人。杨绛这位江苏无锡的江南女子，身上蕴含了中国传统女性所有理想化的特征。尽管杨绛本身在翻译和文学上都取得了巨大的成就，但她还是乐意以"钱锺书夫人"面貌呈现。有人这样来形容她："落花无言，人淡如菊，温柔和婉，聪颖贤惠。"

很多人说杨绛是民国最美的才女，其实这样的评价并不为过。或许，有人会说她没有林徽因的美貌，没有陆小曼的风流。但是，杨绛确确实实有着中国女性传统的沉静之美和内秀之美，还有她的甘做"灶下婢"的奉献精神。

杨绛出身书香世家，但她却谦称是寒素人家。她从小生活条件优渥，衣食住行皆有用人照顾。但是这并没有使她养成大小姐的习气，反而生活非常简朴，能低下身段平等地对待他人，这是很可贵的人文精神。

《杨绛文集》的责任编辑王瑞曾透露一个细节，"有一次，看杨绛先生穿的鞋还挺别致，她说是钱瑗的，当时我都快哭了"。杨绛自己舍不得吃穿用度，可是她帮助别人时却出手大方。她的同事回忆说：

记得有一次，杨绛先生让我把一大书包玻璃瓶带给住在大院四号楼的同事，供他们腌制咸菜。当时我们每月都只有60多元收入，往往捉襟见肘，但每年春节、五一、十一节庆时，杨绛先生都要托我给好几家送红包，算一算，不得了，每逢过节，两位先生反倒要过苦日子了。

改革开放后，杨绛和钱锺书用他们一辈子的积蓄，在他们的母校清华大学设立"好读书"基金，用以资助贫困家庭的优秀子弟，帮助他们完成学业。该奖金最终于2001年开始正式颁发。据不完全统计，得到"好读书"奖学金资助的清华本科生和研究生，已达数百位，累计数千万元。

要知道，杨绛和钱锺书除了读书、写书，他们并不擅长经营，每一分钱都是他们辛苦劳动所得！杨绛和钱锺书的同事回忆说："他们处处节俭，自奉至薄，家里从来没有装修过，一张纸，连背面还要用一次。玻璃罐头瓶，洗净了重复用。"

杨绛曾告诫年轻人：

一个人经过不同程度的锻炼，就获得不同程度的修养，不同程度的效益。好比香料，捣得愈碎，磨得愈细，香得愈浓烈。

或许，那些家境贫寒的清华贫困学生，有了"好读书"奖学金的资助，会更有动力求学，会更加珍惜这来之不易的厚望。

杨绛在百岁华诞时，每天仍在笔耕不辍，同时她还时时以祖国的命运为念。她与记者谈话时，深为当前社会奢靡之风痛心。她拿出她父亲杨荫杭先生写于 1921 年的文章《说俭》给记者看，文章说：

奢靡是君主政体、贵族政体的精神追求，而共和之精神，则力求俭朴。所谓："孟德斯鸠论共和国民之道德，三致意于俭，非故作老生常谈也"，"世人皆言文明增进，生活之程度亦增高……然欲求生活程度之增高，当先求人格之增高"，决不能"生活程度高而人格卑"！

杨绛说，这篇近百年前写成的文章，应引起我们严肃的思考。而杨绛正是如其父亲文章中所说的那样践行的。她说：

我们这个家，很朴素；我们三个人，很单纯。我们与世无求，与人无争，只求相聚在一起，相守在一起，各自做力所能及的事。

金钱诱惑、名利光环，统统被杨绛摒除在外。她对阖家团圆的日子最是上心。她和钱锺书甘当一个长期身居陋室、吃苦耐劳、只知埋头做学问的中国知识分子。

她对这个世界待以温柔，可并不是所有的人会给予她温柔的回报。

曾经，在面对学术问题有不同见解时，有的专家言辞充满"火药味"，杨绛表现出的却是谦虚求真的大家风范。她的一番话显得非常心平气和，对别人不礼貌的态度毫不计较。她认为，所有要说的话她已经在声明中表达出来，再讨论是是非非根本没有什么意思，所以没有必要再继续下去。中国翻译家协会会长刘习良有感而发："我觉得大家讨论问题应该平和一些，而不应该像现在这样咄咄逼人。"

一辈子清清爽爽做事，一辈子干干净净做人，就是这样的一位淡泊名利的文化老人，在临别前留下遗言，希望在自己火化后再发讣告，"希望用最简单的方式安静地离开这个世界，不惊扰大家，不麻烦大家"。

回望百年，杨绛从名门闺秀，到今天的文学大家，无论其身居何位，获得多大的成就，她给人留下的印象永远是恬静、低调、淡然优雅。

花落无言，人淡如菊，杨绛做到了。

身居陋室，心怀天下

　　杨绛曾说过："很多人开玩笑，说杨绛先生喜欢清华两个'书'——一个是读书，一个是钱锺书。"杨绛喜欢读书是真，喜欢钱锺书也是真，而设立"好读书"奖学金更是真。设立"好读书"奖学金是杨绛和钱锺书的共同愿望，这不仅体现了他们爱书的品格，更寄予了他们想让更多贫困学生能读到书的美好愿望。

　　杨绛一生简朴，所得工资和稿费，大部分用来买书和资助他人。她在90岁那年，拿出了自己与钱锺书共同积攒的72万元稿费，全部捐献给了母校清华大学，以"好读书"为名设立奖学金，并宣布，今后将两人作品所出版的所有稿酬、版税，都投入该基金中。杨绛先生在仪式上谈道：她是一个人代表三个人，代表她自己、已经去世的钱锺书和他们的女儿钱瑗向母校捐赠的。她说：

　　设立"好读书"奖学金是我们一家三个人的意愿。在1995年钱锺书已经病重时，我和钱瑗到钱锺书的病榻前，我们商量好了，将来我们要是有钱，我们要捐助一个奖学金，这个奖学金就叫好读书奖学金，不用我们个人的名字。

谈到设立好读书奖学金的宗旨，杨绛指出：

"好读书"奖学金的宗旨是扶贫，因为我们看到富裕人家的子弟升学很方便，可是贫穷人家的儿女，尽管他们好读书，而且有能力好好读书，可是他们要上中学就有种种困难，上大学就更不用说了。"好读书"奖学金就是要鼓励、帮助这些家庭贫寒的学生。

杨绛先生语重心长地对获奖学生提出了期望。她说：

清华校训是"自强不息，厚德载物"。"自强不息"是要我们从自身做起，努力学习，求知识，学本领。"厚德载物"是一个道德标志。我们努力求知识、学本领，为的是什么呢？如果我们没有高尚的思想境界去承担重任，那我们的努力就失去了价值。"自强不息"是"起"，"起点"的"起"，"厚德载物"是"止"，"止于至善"的"止"。这8个字就是我对"好读书"奖学金获奖学生的希望。

"我们一家三口都最爱清华大学"。的确，杨绛"三进清华"和清华为钱锺书"两次破格"，早已传为文坛佳话。对他们的女儿钱瑗来说，清华园是她童年美梦的摇篮；"好读书"是钱、杨的共同志趣，也是他们能结缘清华的纽带。当年，杨绛一进清华就同"二书"结缘：一为读书，二为"锺书"。因爱读书，而爱爱读书的"锺书"，因爱锺书而更爱读书。

据统计，"好读书"基金在过去的二十余年里，一共积累了逾两千万元助学奖金，已有千名清华学子得到"好读书"奖学金的惠泽。这是一个百岁老人，笔耕不辍的智慧成果，可她从没有用来享受，甚至自己穿的是女儿的旧鞋。她写作是为了获得精神的丰盈，而她节省下的这些巨款，是为了让更多的贫困孩子能读到书。这笔钱不是小数目，用巨资形容并不夸张，而全部拿出来捐赠，令人动容，也令人钦佩。

　　有人评价："钱这东西对穷人来说是恩物，对先生来说是俗物。俗物是可养人，但对神仙来说全是赘物。"对于杨绛来说，钱财就是赘物，但是把稿费和版税捐出来，则是普度众生。

　　郭亦家是清华大学美术学院环境艺术设计专业的学生，也是其中的一位获奖者，他在寄给杨绛的致谢信中说："读书，让我每天都兴奋不已，开阔了视野，结交了许多朋友……"

　　"让真正爱读书的孩子，有书读。"杨绛生前最大的心愿在慢慢实现。

　　身居陋室，却心怀天下，杨绛先生的所做所言，履行着的是一名知识分子所肩负的使命与担当。

　　有人说，杨绛一家过的是不食人间烟火的生活。那么杨绛的生活究竟是什么样子的呢？经常去看望杨绛的中国社科院的陈众议说："杨先生并不是只跟历史发生循环，她是和这个时代同呼吸的。她天天读报纸、看杂志，看别人寄给她的书，也看电视，知道外面的世界是什么样子。"

　　钱锺书的学生，解放军艺术学院原院长陆文虎少将，称杨绛为文化英雄。他在回忆杨绛的二三事时曾撰文写道：

杨先生的处世态度达观而从容，认真而充实。对于年已百岁以上的老人来说，身体的柔弱是不待言的，但是，她的内心又是非常坚强的。现在，她的心情很平复。每天的主要事情仍然是读书、写作和翻译。她按自己的计划，日日坚持，完成了她必须要完成的事情。心有余力，她还打算为孩子们写点东西。每天晚上临睡前，她都要写一幅字——用毛笔抄录钱锺书先生的诗。既是寄托对钱先生的怀念，也是修心养性的日课。我看了那厚厚一摞纸，每张纸都那样整洁有致，每个字都那样认真工稳。这种情景，真能净化人的心灵。我感到了一种震撼，情不自禁地要赞叹。见到杨绛先生，听她睿智、深刻又亲切的谈话，是一种难得的享受。每次去看望杨绛先生，她都拿出自己正在读的书，推荐给我。我回去认真读了这些书，受益匪浅。因此，我由衷地感谢她的指导。我认为，杨绛先生确实是一位值得今人和后人崇拜的文化英雄。

　　同事说她关心天下，学生说她是文化英雄，一位百岁老人还在用自己的智慧所得，去帮助那些贫困的学生。她担当得起"英雄"这个称号。

　　杨绛曾经说过："锺书逃走了，我也想逃走，但是逃到哪里去呢？我压根儿不能逃，得留在人世间，打扫现场，尽我应尽的责任。"至2014年，钱锺书的中文笔记、外文笔记都整理好了，杨绛自己也出版了"全集"。有人说，杨绛的"现场"似乎打扫干净了，她接下来会做些什么呢？

陈众议说："我相信她还会写。一边写，一边像杨先生所说的，'心静如水''准备回家'。"是的，杨绛一定还会继续写，因为她的文化使命还有一项任务就是让更多的贫困学生能读书。这是福泽后世的善举，也是杨绛这位文化英雄的文化担当。

坐在人生边上

  2011 年杨绛百岁寿辰前夕发表于《文汇报》"笔会"的《坐在人生的边上：杨绛先生百岁答问》可视为《走到人生边上》的姊妹篇。同样是"人生边上"，一个是"走到"，一个是"坐在"，显示出境界的微妙差别，杨绛似乎已进入一个更为从容的境界。

  人民文学出版社原想开个出版座谈会或新闻发布会，为九卷本的《杨绛全集》以及中篇小说《洗澡之后》单行本发行造声势，杨绛轻轻一句"我说过，我是一滴清水，不是肥皂泡"，就把这个活动挡了回去了。

  沉甸甸的是成熟的麦穗，空瘪的秕谷总是高昂着头。

  时下很多圈子都热闹非凡，那些大咖们频繁出入各种媒体，然而真正有内涵的人却甘于寂寞，深居简出。屠呦呦一直沉潜内心做研究，一直到她八十多岁时获得了诺贝尔医学奖，才"明星"了一把。杨绛，也是这样的人。她已走到人生的边上，早就看惯了这些人间浮华，她的时间很有限，她不愿意把时间无谓地牺牲在这些华而不实的事上。

  "我是一滴清水""穿隐身衣""甘当一个零"，这便是杨绛一贯的生活追求和治学态度。在《文汇报》的"笔会"上，记者这样问她：

笔会：杨先生，您一生是一个自由思想者。可是，在您生命中如此被看重的"自由"，与"忍生活之苦，保其天真"却始终是一物两面，从做钱家媳妇的诸事含忍，到国难中的忍生活之苦，以及在名利面前深自敛抑、"穿隐身衣"，"甘当一个零"。这与一个世纪以来更广为人知、影响深广的"追求自由，张扬个性"的"自由"相比，好像是两个气质完全不同的东西。这是怎么回事？

杨绛：这个问题，很耐人寻思。细细想来，我这也忍，那也忍，无非为了保持内心的自由，内心的平静。你骂我，我一笑置之。你打我，我决不还手。若你拿了刀子要杀我，我会说："你我有什么深仇大恨，要为我当杀人犯呢？我哪里碍了你的道儿呢？"所以含忍是保自己的盔甲，抵御侵犯的盾牌。我穿了"隐身衣"，别人看不见我，我却看得见别人，我甘心当个"零"，人家不把我当个东西，我正好可以把看不起我的人看个透。这样，我就可以追求自由，张扬个性。所以我说，含忍和自由是辩证的统一。含忍是为了自由，要求自由得要学会含忍。

一个百岁老人，经历了一个世纪的风风雨雨，在女儿和丈夫都故去后，她一个人孤独地生活了二十年。一个人的日子该有多寂寞冷清啊，按常理，此刻的老人最喜欢热闹，喜欢看人来人往，而杨绛却不愿意，她甚至要穿上"隐身衣"，甘当一个零，让世界忘了她；一个百岁老人，有多少恩爱情仇也应该风化在岁月的长河里了，可杨绛没有，她百岁时还说出"刀枪"之类充满戾气的话，足可见"文革"那段岁月对她的伤害有多深、有多大，让她如此刻骨铭心！一个人，到了百岁时，内心应该十分平和，可是杨绛即便在她百岁时，我们仍能听出她内心中的无奈和无比的哀伤。在政治大运动中，个人是何其的渺小，她要想活下去，要想能做一些有价值的事情，她不得不穿上"隐身衣"。一个人，活着的时候是个社会人，需要进行各种各样的社会活动，在"三反"和"文革"之前，杨绛和钱锺书也曾经常和朋友们举杯相邀，可是在政治运动之后，她就只想做个"零"。因为，当年伤害她的人都是周围熟悉的人，她不知道哪一天、哪一刻，身边的谁又会对她举刀相向。她痛了，到了一百岁，伤口也没有愈合。甚至我们能感受到杨绛在说这番话时，她的心仍在流泪。

在那段岁月里，杨绛和钱锺书的很多朋友——傅雷、夏衍等人都没扛得住摧残，选择了自我了结。她和钱锺书的女婿王德一，一个才华横溢的青年，没熬得过去，选择了自尽……否则，钱瑗的婚姻该有多幸福美满呀。这些伤痕深深地刻在了杨绛的心上，她想忘也忘不掉。与这样的伤痛相比，她被"革命女将"剃了阴阳头、戴高帽、游街、扫厕所又算得了什么呢？她一声不吭，把自己当作一个"零"，熬过来了。

杨绛能在"文革"中保全生命，确实是件万幸的事呀。她之所以能忍，就是因为她清醒地知道，自己还有更重要的事要做，不值得为那些狂热愚昧的人做无谓的牺牲，她得好好地活。

只要活着，一切就皆有可能，如此就算做"一滴水"，做"隐身人"，做一个"零"，又何妨？

但一滴水不也能折射太阳的光辉么？所以，当 268 万字容量的《杨绛全集》静静摆上书架时，那抹光辉足以牵动读者的视线，那些文字仿佛火焰，足可以驱散黑暗，驱散寒冷，驱散孤苦，给读者以前行的指引和力量！

杨绛的人生智慧

杨绛先生用自己的人生经历告诉我们：生活一半柴米油盐，一半星辰大海，放一点盐，它就是咸的，放一点糖，它就是甜的，放一点诗意，它就是别人眼里的远方。想调成什么味，全凭自己。把自己活成一道光，自信坦荡，光芒万丈。愿以后的日子百毒不侵，活得认真，笑得放肆，抬头遇见的都是柔情。

后记：

百年杨绛，最才的女，最贤的妻

"我们曾如此渴望命运的波澜，到最后才发现：人生最曼妙的风景，竟是内心的淡定与从容……"

可以说，这句话是杨绛先生一生的写照！

只有经历过人生的大起大落和世间繁华的人，才可能有这番的彻悟。

她是她最爱的人钱锺书口中"最才的女，最贤的妻"。这美誉唯有杨绛可以担当，此后再无他人。

她成名在钱锺书之前，是中国女作家、文学翻译家，精通多国语言。她早年创作的剧本《称心如意》在舞台上活跃了60多年，经久不息，所翻译的《唐·吉诃德》是最受大众认可的一版，获得西班牙"智慧国王阿方索十世勋章"。她即便是到了耄耋之年仍然笔耕不辍，出版了《我们仨》《走到人生边上——自问自答》《洗澡之后》等著作，同时还用13年之久精心整理出版钱锺书学术遗稿。

杨绛自身有着巨大的才情，成名又在钱锺书之先，却长期甘做钱锺书的"灶下婢"，并且给他学术上的帮助。

她经历过战乱，见识过世间的种种丑恶，经受过人间的各种不公，有多少人没有熬过那场浩劫，而杨绛却以她独有的方式对抗过来了——百岁之际，她曾在自己的散文里说自己的一辈子"这也忍、那也忍"，无非是为了保持"内心的自由，内心的平静"。

杨绛始终坚信善良的人是不会被打倒的。当她遇到困难时，她从不抱怨，只是心怀温柔，坚强地面对命运给予自己的磨难。

她的内心不只是温柔，还有勇敢和坚强！

在爱女钱瑗遭受强邻欺负时，杨绛没有选择忍让，她和钱锺书是拼了命去护犊；在她被剃阴阳头时，她没有求饶，而是默默顺从，然后用一夜的时间为自己做了假发，平静地面对；在她被罚扫厕所时，她能从中化苦为乐……

从头至尾她没有抱怨过，没有声嘶力竭地控诉过，即便是在她后来的回忆录中也是用淡然的笔调，平静地叙述那一段苦难不堪的岁月，甚至还带了一点小小的幽默。

她说："我和谁都不争，和谁争我都不屑。"静水流深，杨绛就是用她的与世无争，"争"来了无数人的崇敬！

她出生在备受父母宠爱的书香之家，父亲受过西方教育，是著名常青藤大学宾夕法尼亚大学的法学硕士，母亲是知书达理的大家闺秀。出生在这样的一个书香味浓的民主家庭，杨绛的精神世界是丰盈自信的，她始终清醒地知道自己想要什么，即自己的信仰是什么。

年少时她一心要报考清华，无奈当时清华不招收南方学生，她只好就近读东吴大学，后来战火起时她辗转转学到清华，继而考上了清华的研究院，并且在那里遇到了一生的挚爱钱锺书，后来与钱锺书双双留学英法两国。用杨绛母亲的话说，杨绛的脚上系着月老的红线，心心念念要上清华。

一个人一生中有父母宠爱，有心仪的爱人，有钟爱的事业，这便已是人生的圆满。还有什么功名利禄的追求能超过这样的完满，何况杨绛还有一个聪明懂事可爱的女儿钱瑗呢？不只是这些，杨绛一生都有钱锺书在呵护，这样的琴瑟和谐的婚姻又是多少人的梦中追求？所以杨绛和谁都不争，她也不屑与人争！她所拥有的这一切，抵得过一个王国的富有。

然而，彩云易散，琉璃易碎，也许是上天嫉妒杨绛的美满，它先是夺去了她的女儿钱瑗的生命，之后又夺去了她一生的挚爱钱锺书的生命。白发人送黑发人是人生的大不幸之一，杨绛和钱锺书在晚年痛失爱女，内心的伤痛是无法言喻的。不过，她必须要坚强，她要把阿瑗好好地送走，送她回自己的家，还要把钱锺书好好地送走，然后再把纷纷扰扰的后事打理干净。

其实，在钱锺书走时，杨绛的生命之火就已经萎落了。可是，钱锺书临别时嘱咐她"好好活"！

她做了一个"万里长梦"，在梦中她和钱锺书心爱的女儿钱瑗走了，钱锺书担心她一个人孤苦，就故意慢慢儿走，让她一程一程送……"杨柳变成嫩绿的长条，又渐渐黄落，驿道上又满地落叶，一棵棵杨柳又都变成光秃秃的寒柳"，杨绛就是这样一程又一程地送钱锺书，一路上都是离情。

最终钱锺书的生命小舟去了河的对岸，她在跌跌撞撞中回到了三里河的家，只是那曾经是三个人的家已不复是家，是她一个人的驿站了。

周国平说："这位可敬可爱的老人，我分明看见她在细心地为她的灵魂清点行装，为了让这颗灵魂带着全部最宝贵的收获平静地上路。"是的，在往后的一个人的岁月里，杨绛双手烤着生命之火取暖，在三里河"我们仨"曾经的家里，用文字让他们仨又重活了一遍！

她的心里不只是有温柔、勇敢和坚强，还有爱和温暖！

在钱锺书去世后，杨绛早年的同学费孝通去看望她，相谈甚欢时，杨绛猛然想起费孝通年轻时曾经有意于她。于是杨绛立刻下"逐客令"，并对他说"楼梯不好走，以后不要来了"。

她自始至终都恪守着自己的追求，即便是钱锺书逝去以后也不曾更改。

一个百岁老人，生命之火已微弱，可我们分明从她那淡定、从容的文字里感受到了一种力量！她静悄悄地隐身，又在静悄悄地影响这个时代。

火萎了，杨绛也准备走了。

2016 年 5 月 25 日凌晨，杨绛先生终于得偿所愿离去了，享年 105 岁。在独我的日子里，她一个人把钱瑗和钱锺书未竟的事业完成。她的责任尽完了，也累了，她带着光和爱寻找她的阿瑗和钱锺书去了，但她留下的文字却给我们活着的人以前行的指引和力量，且生生不息！

附录：
杨绛年谱

1911 年

7月17日，杨绛出生于一个开明的知识分子家庭，父母籍贯江苏无锡。父亲杨荫杭于1910年获美国宾夕法尼亚大学法学硕士，回国后在北京政法学校执教，兼任清王室肃亲王善耆的法律讲师。杨绛排行第四，上面有三个姐姐，下边两个弟弟两个妹妹。杨绛在北京出生后不久，辛亥革命爆发，杨荫杭辞职回乡照顾祖母，后在上海做律师。

1915 年

杨荫杭任北京高等检察厅厅长。杨绛随父回京，在北京贝满幼儿院上幼儿班，后在西单牌楼第一蒙养院上学前班。

1917 年

在北京辟才胡同女师大附属小学上一年级。

1919 年

在辟才胡同女师大附属小学上三年级。这一年5月4日，杨绛亲历了"五四运动"，目睹了大学生们上街游行喊口号。

1920 年

随大姐、三姐到上海启明中学上学，寄宿校内，其大姐为启明中学教员；杨荫杭在上海《申报》馆任职，兼任律师。

1923 年

杨荫杭决定在苏州开律师事务所，于是举家迁往苏州。这一年秋，杨绛考入苏州振华女中。在振华上学期间，杨绛寄宿学校，每周末回家，但其中有一两个学期属于走读。

1925 年

跳了一级，于暑期初中毕业。

1926 年

升高中二年级。北伐战争节节胜利，女子开始剪去长发，杨绛也剪去了辫子。

1928 年

高中毕业，考取南京金陵女大及苏州东吴大学。这一年，清华大学开始招收女生，杨绛本想报考，但清华没有在上海招生，于是只好放弃。

1930 年

就读于东吴大学。好友蒋恩钿考入清华，劝其转学清华；暑假，到上海交通大学报考转学清华，已领到准考证，后因大弟病亡操持后事而错过考期。

1932 年

因东吴大学学生罢考风潮停课，与同学结伴到北京燕京大学借读；在清华大学古月堂门口初见钱锺书，后又在清华借读，与钱锺书确定恋爱关系。

1933 年

在钱锺书指点下补习外文系功课，准备清华外文系研究生考试，后成功被录取；同年，在苏州饭馆内由钱、杨两家合办订婚礼，随后杨绛到清华大学研究院上学，已经毕业的钱锺书则被上海光华大学聘为英语讲师。

1935 年

钱锺书考取庚子款留英奖金，杨绛办好自费留学手续。7 月 13 日，两人在苏州举行婚礼；8 月 13 日，同钱锺书一起乘邮轮出国，于英国牛津大学留学。

1936 年

和钱锺书一起到瑞士出席第一届"世界青年大会"；秋季，与钱锺书同在巴黎大学注册入学。

1937 年

5 月 19 日，女儿钱瑗出生，女儿百天后，一家三口到法国，住巴黎近郊；11 月 17 日，杨绛母亲在逃避日寇时在乡间染上疟疾，不幸去世。

1938 年

秋，一家三口乘法国邮轮回国，钱锺书在香港上岸后赴昆明任教职，杨绛与女儿钱瑗到上海；同年，母校苏州振华女中在上海筹建分校，杨绛参与其中，出力甚多。

1939 年

7 月 3 日，苏州振华女校分校在上海正式成立，任校长兼高三级英语教师。

1942 年

任工部局半日小学代课教员，业余时间开始尝试写剧本。

1943 年

话剧《称心如意》上演，始用笔名杨绛，"绛"源于"季康"二字的切音。

1944 年

话剧《弄假成真》上演，《称心如意》出版。

1945 年

1 月,《弄假成真》出版;3 月 27 日, 父亲杨荫杭在苏州寓所患脑出血去世。

1946 年

在上海震旦女子文理学院任外文系教授。

1947 年

话剧《风絮》出版, 钱锺书《围城》出版;女儿钱瑗患指骨节结核, 休养十个月后病愈。

1948 年

翻译《1939 年以来英国散文作品》,9 月由商务印书馆出版。

1949 年

解放战争胜利, 夫妇两人共同受聘于清华大学, 杨绛为兼任教授, 教英国小说。

1950 年

从英译本转译的西班牙名著《小癞子》出版。

1952 年

全国"院系调整", 夫妇两人被调入文学研究所外文组工作。

1954 年

翻译完法国作家勒萨日的小说《吉尔·布拉斯》，在《世界文学》杂志分期刊出。

1955 年

女儿钱瑗考入北京师范大学，钱锺书提升为一级研究员。

1956 年

《吉尔·布拉斯》经过大幅度修改后，由人民文学出版社出版。

1957 年

接受"外国古典文学名著丛书"编委会委任，重译《唐·吉诃德》。

1958 年

10 月至 12 月底，下乡学习；开始自学西班牙文。

1959 年

女儿钱瑗从北京师范大学毕业，留校为助教；杨绛因写研究英国作家萨克雷小说《名利场》的论文，遭受批判。

1960 年

开始阅读拉美国家的西班牙文小说，第一次任全国文代会代表。

1964 年

9 月 24 日，文学研究所外文组自文研所分出，成为"外国文学所"；钱锺书担任毛主席诗词翻译组成员，后因文化大革命，工作中断。

1965 年

《唐·吉诃德》第一部翻译完毕，开始译第二部。

1966 年

"文革"开始。8 月 9 日，杨绛被"揪出"，在外文所内扫厕所；8 月 27 日，交出《唐·吉诃德》全部翻译稿（第一部已完毕，第二部已译毕四分之三）；同日晚间，在宿舍被剃"阴阳头"。

1967 年

女儿钱瑗与王德一注册结婚。

1969 年

钱锺书作为"先遣队"被下放河南罗山干校，不久干校迁河南息县。

1970 年

6 月 13 日，女婿王德一被诬陷为极左派，自杀身亡；7 月

12 日，杨绛被下放干校；12 月 1 日，妹婿孙令衍在天津大学自杀身亡。

1972 年

3 月 12 日，与钱锺书随第二批"老弱病残"者回北京；8 月，从头翻译中断多年的《唐·吉诃德》。

1973 年

12 月 2 日，因与邻居起冲突，避居钱瑗北师大宿舍；12 月 23 日，迁入北师大小红楼，翻译《唐·吉诃德》工作暂停。

1974 年

5 月 4 日，钱瑗与杨伟成注册结婚，钱瑗仍住北师大陪伴父母。

1975 年

《唐·吉诃德》初稿译完。

1976 年

"文革"结束。《唐·吉诃德》第一、第二部全部定稿。

1977 年

2 月 4 日，迁居北京三里河南沙沟新居；5 月 5 日，《唐·吉诃德》交人民文学出版社出版排印；5 月 13 日，《小癞子》根据西班牙原文重译的版本定稿。

1978 年

4 月底,《唐·吉诃德》出版；6 月，西班牙国王、王后来中国访问，杨绛受邀参加国宴，邓小平同志为其介绍西班牙国王、王后；9 月 12 日，女儿钱瑗公费留英。

1980 年

12 月，写完《干校六记》，钱锺书写小引。

1981 年

《倒影集》《干校六记》在香港出版；钱锺书的《围城》开始畅销。

1982 年

4 月 23 日，北京大学举行塞万提斯逝世 366 周年纪念会，杨绛到会发言；7 月 30 日，西班牙大使设宴正式邀请杨绛访问西班牙，因不擅西班牙口语，多数人不知笔译与口译的区别，会对自己产生误会，故谢绝。

1983 年

《喜剧二种》由福建人民出版社出版，《干校六记》英译本出版；11 月 2 日，随代表团访问西班牙。

1984 年

《干校六记》法译本两种先后在巴黎出版；开始写小说《洗澡》；抄清散文集《将饮茶》。

1985 年

校完由原文翻译的《小癞子》；《干校六记》日文译本在东京出版。

1986 年

10 月 6 日，西班牙国王颁给杨绛"智慧国王阿方索十世十字勋章"，典礼在西班牙大使馆举行；10 月 30 日，英国女王来访，行前曾阅读钱锺书牛津大学论文，故钱锺书受邀参加国宴；《干校六记》在美出版英译本。

1987 年

《将饮茶》由三联书店出版；《唐·吉诃德》校订本出版；《干校六记》俄文译本在苏联科学院《远东问题》双月刊 1987 年第 2、第 3 期发表；9 月，写完《洗澡》，12 月 19 日，将《洗澡》修改完毕。

1988 年

11 月，《洗澡》在香港出版；12 月，《洗澡》在北京出版。

1993 年

钱锺书住院动大手术，住院两个月，杨绛陪住两个月。

1994 年

《杂忆与杂写》由三联书店出版。

1996 年

1月，女儿钱瑗生病，住进北京温泉胸科医院；11月3日，钱瑗病危，此时，杨绛方知女儿患的是肺癌转脊椎癌，病发时已是末期。

1997 年

3月4日，女儿钱瑗去世。

1998 年

5月，将钱瑗存款6万元作为钱瑗基金，捐北师大外语系；9月，写《钱锺书离开西南联大的实情》；12月19日7时38分，钱锺书去世。

1999 年

向社科院交还钱锺书专车；翻译柏拉图著作《斐多》（12月18日译完）；写《从"掺沙子"到"流亡"》，1月17日、18日、19日分三批发表；整理钱锺书笔记，集成《钱锺书手稿集》。

2000 年

1 月，青年出版社出版《从丙午到"流亡"》，7 月，香港三联亦出版此书；4 月，辽宁人民出版社出版《斐多》，香港天地图书公司出版《斐多》；暑期，德国汉学家莫宜佳女士（德译《围城》译者）帮助杨绛编定钱锺书外文笔记；11 月 17 日，与商务印书馆签订合约出版《钱锺书手稿集》。

2001 年

写《钱锺书手稿集》序文，并题写书名。

2002 年

8 月，改定《我们仨》题目，分定段落；9 月 30 日，《我们仨》初稿完毕；12 月 22 日，《我们仨》定稿。

2003 年

修改《杨绛作品集》，散文及短篇小说皆经修改；整理女儿钱瑗信件；6 月 24 日，《我们仨》由三联书店出版；8 月 25 日，台湾时报出版《我们仨》。

2007 年

出版《走到人生边上——自问自答》一书。

2011 年

虽查出患有心衰，但依旧乐观豁达，每天读书写作从不间断，晚上一点半睡觉。

2015 年

7月17日，迎来104岁生日，身体依旧很好，仍然思路清晰、精神矍铄。

2016 年

5月25日，凌晨，在北京协和医院病逝，享年105岁。

（注：据杨绛先生亲写的《杨绛生平与创作大事记》编写而成）

参考文献

1. 杨绛：《回忆我的父亲》，见《杨绛作品集》第二卷，中国社会科学出版社 1993 年 10 月版。

2. 杨绛：《回忆我的姑母》，见《杨绛作品集》第二卷，中国社会科学出版社 1993 年 10 月版。

3. 杨绛：《大王庙》，见《杨绛作品集》第二卷，中国社会科学出版社 1993 年 10 月版。

4. 杨绛：《我们仨》，三联书店出版，2003 年 7 月版。

5. 杨绛：《黑皮阿二》，见《杨绛作品集》第二卷，中国社会科学出版社 1993 年 10 月版。

6. 杨绛：《控诉大会》，见《杨绛作品集》第二卷，中国社会科学出版社 1993 年 10 月版。

7. 杨绛：《干校六记》，见《杨绛作品集》第二卷，中国社会科学出版社 1993 年 10 月版。

8. 叶廷芳：《杨绛先生印象记》，见《文汇报》笔会编辑部编《面对永恒》，文汇出版社 1998 年 4 月版。

9. 杨绛：《丙午丁未年记事——乌云与金边》，见《杨绛作品集》

第二卷，中国社会科学出版社 1993 年 10 月版。

10. 杨绛：《杨绛散文戏剧集》，南海出版公司 2001 年 6 月版。

11. 杨绛：《老王》，人教版七年级语文下册。